中华典籍故事

朱文叔 —— 编

史记故事

人民文学出版社

图书在版编目(CIP)数据

史记故事/朱文叔编.—北京:人民文学出版社,2018
(中华典籍故事)
ISBN 978-7-02-013573-8

Ⅰ.①史… Ⅱ.①朱… Ⅲ.①中国历史-古代史-纪传体-通俗读物 Ⅳ.①K204.2-49

中国版本图书馆 CIP 数据核字(2017)第 307361 号

责任编辑　甘　慧　尚　飞　吕昱雯
装帧设计　高静芳

出版发行　人民文学出版社
社　　址　北京市朝内大街 166 号
邮政编码　100705
网　　址　http://www.rw-cn.com

印　　刷　宁波市大港印务有限公司
经　　销　全国新华书店等

开　　本　890 毫米×1240 毫米　1/32
印　　张　5
插　　页　2
字　　数　67 千字
版　　次　2018 年 3 月北京第 1 版
印　　次　2018 年 3 月第 1 次印刷

书　　号　978-7-02-013573-8
定　　价　25.00 元

如有印装质量问题,请与本社图书销售中心调换。电话:010 - 65233595

序　说

　　《史记》是汉朝司马迁作的一部史书，从黄帝起，到汉武帝止，三千多年间的我国古代的重要史料和传说，都收集在这部书里。

　　司马迁是一个历史文学家，他的叙事，又明白，又生动。我们到了现在，翻读这部《史记》，觉得几千年以前的人，和几千年以前的事，都好像在眼前一般，是非常有趣味的。

　　现在，先把《史记》里的故事，选译一部分，给读者们看，希望你们自己能够直接看《史记》本书。因为这部书不但集我国古史的大成，并且和《左传》一样，在我国文字语言方面，也是很有权威的。

目录

序说

后稷的故事	001
项羽的少年时代	004
鸿门之会	007
荥阳之围	017
斗智不斗力	020
英雄的末路	024
刘邦故事一	031
刘邦故事二	035
刘邦故事三	039
季札赠剑	043
公子光争位	046
吴越相争	050
伍尚殉父难	058
爱才不记仇的齐桓公	062

卫宫之乱　　　　　　　　067
一飞冲天，一鸣惊人　　　073
男子也偏爱小儿子吗　　　077
孟尝君的故事　　　　　　083
平原君的故事　　　　　　118
信陵君的故事　　　　　　131
春申君的故事　　　　　　150

后稷的故事

【故事】

周朝的祖宗后稷,名字叫作弃。他的母亲,是有邰①氏的女儿,名字叫作姜原,配给当时的帝喾(kù)做元妃。

有一天,姜原出门到野外去,看见一种巨人的足迹,很分明地印在地上,那足迹,比平常人的足迹,不知要大多少倍。姜原从来没有看见过这样大的足迹,心里又惊异,又觉得很好玩,不禁伸出脚去,踏了一下。哪知一踏之下,姜原的身体,竟好像触电一般,震动起来,从此就怀了胎了。

十个月之后,居然生下一个孩子。姜原以为是不祥之物,把这孩子抛弃在小巷里,让牲口去踏死他。说也奇怪,过往的牛、羊,都避开了走到边上去,不敢踏到他。姜原于是又换一个地方,把他抛弃在山林中，让野兽去吃掉他。哪知山林中，又偏偏有许多樵夫，在那里斫柴。姜原于是又换一个地方，把他抛弃在河中的冰上，她想：就是溺不死他，冻也要冻死他。哪知又飞来许多鸟儿，有的张开翅膀，垫在他身子的下面；有的张开翅膀，罩在他身子的上面。

姜原见她的儿子，禽兽都来保护他，终于不死，料他将来一定是个非凡之人，于是仍旧抱回来抚养。因为他几次三番被抛弃，所以替他起个名字叫作弃。

弃有种植的天才，在幼年的时候，就喜欢种植麻、菽一类东西，作为游戏。虽然他当作游戏的样子去种植，可是他所种的植物和谷类，没有一样不生长得很好，收成得很好的。到了长大之后，他就从事耕种事业：哪种土地，宜于种植哪种植物；什么时候，可以播种什么种子；怎样耕耘灌溉，才可以得到良好的收获。关于这些问题，他都有精密的研究和丰富的经验。

那时的百姓，都依照弃的法则耕种，果然得到很好的收成。帝尧知道了，就请他做当时的农师，教人民播种百谷。帝舜因为弃的功劳大，封他在邰这个地方，号称"后稷"，别姓姬氏。——周文王姬昌、武王姬发，便是他的后代。

【注释】

① 有邰（tái）：古国名，是炎帝的后代，姓姜。地在今陕西武功县。

项羽的少年时代

【故事】

项羽是下相①人,名籍,羽是他的字。他家本是楚国的世家,他的祖先,世世都是楚国的将官。

项羽在幼年时候,他的季父②项梁叫他学写字,他学了没有多少时候,并没有成功,就不学了。再叫他学剑,学了没有多少时候,并没有成功,又不学了。于是项梁发起怒来,要责罚他。项羽说道:"字学成功,不过能够记录自己的姓名罢了;至于剑,只能够抵敌一个人,也不值得学;我要学的,是可以抵敌千万人的本领。"项梁于是教他打仗的兵法,项羽非常喜欢学,但是也没有恒心,只略略懂得其中的大意,就不肯再用心去研究。

项梁犯了杀人之罪,和项羽一同逃避到吴

中③,吴中的文士、名流,都和项梁结交,出入他的门下。那时适值吴中大征徭役④,项梁做了主办的领袖,便私自用兵法来驾驭这一班民夫,居然队伍整齐,指挥裕如。因此项梁门下的宾客,和吴中的子弟,都很佩服他,而且很听他的命令。

秦始皇出游会稽⑤,渡浙江⑥,回来的时候,经过吴中,一路有许多兵马护卫着。闪耀的刀枪、飘扬的旗帜,簇拥着銮驾⑦过去了,威风凛凛,气象非常森严。项梁和项羽叔侄两人,也在路边观看,项羽伸手指着銮驾,说道:"他的地位,我们可以取而代也!"项梁连忙把他的口掩住,说道:"不要乱说,要灭族⑧的呢!"但因此一语,项梁更器重项羽,以为他是非常之人。

【注释】

① 下相:古时的地名,在今江苏省宿迁市西。
② 季父:伯、仲、叔、季四个字,是兄弟排行用的。父亲的小弟弟,叫季父。
③ 吴中:就是现在江苏省的苏州市一带地方。
④ 徭役:古时的制度,征发民夫,替公家做种种力役,

叫徭役。

⑤ 会稽：现今浙江省的绍兴市。

⑥ 浙江：就是钱塘江。

⑦ 銮驾：天子坐的车轿，叫銮驾。

⑧ 灭族：古时的刑律。若犯了反叛之罪，不但罪犯个人处死刑，他的同族也都处死刑，这叫灭族。

鸿门之会

【故事】

项羽和沛公①两人,一同受命于楚怀王②,去攻秦国,约定谁先攻克关中③,谁就做关中的王。

项羽在当时最强,以为沛公总不是自己的对手,关中地方,一定是他的囊中物。谁料沛公竟先攻克咸阳④,并且已经派兵守住函谷关⑤,不许诸侯的兵进去。项羽得到这消息,非常愤怒,便派当阳君⑥去攻破函谷关,长驱直入,到戏⑦之西,扎下营寨⑧。

那时沛公的军队驻扎在霸上⑨,没有和项羽会面。沛公的左司马⑩曹无伤,派人到项羽那里说道:"沛公要在关中做王了,叫子婴⑪做宰相,一切的珍宝他都占为己有了。"项羽大怒道:"明天早上,叫兵士饱餐一顿,就出兵去击破沛公。"那时候,项羽有四十万大军在新丰鸿门⑫,沛公只有十万兵马驻在霸上。

范增⑬献计给项羽,说道:"从前沛公在山东的时候,贪财好色。自从到了关中,不取一毫财物,也不取一个妇女,可见他志向不在小。我叫人去望他的气,都成为五彩的龙虎,这是帝王之象呢!趁这时候,赶紧把他除掉才是,不要错过机会。"

楚国的左尹⑭项伯⑮,也是项羽的季父,素来和留侯张良⑯很要好的。张良是沛公手下的人,因此项伯星夜赶到沛公的营里,把项羽的大兵已经破关而入,明天早上要来攻击沛公的话,私下通报张良,并且说道:"你赶快避开,别跟沛公同死,白白地牺牲了自己。"张良说道:"我替韩王护送沛公入关,如今他有急难,我若弃之不顾,这是很不义的,所以不能不去通报他一声。"

于是张良进去,把这个紧急的消息,详细告诉沛公。沛公大惊,说道:"那么,如何是好呢?"张良说道:"大王不该遣将守关,触怒项王,究竟谁替大王筹划这计策的?"沛公答道:"鲰生⑰劝我道:'闭关自守,不许诸侯进来,那从前秦国所有的土地,都是你的了,你可以安安稳稳做关中的王了。'我一听不错,就依了他的话,谁知竟因此触怒项王呢!"张良又问道:"大王,你料自己的兵力,可以抵挡项王吗?"沛公答道:"当然不如他啊!可是现在事情僵了,怎么办呢?"张良说道:"我想:我去托项伯疏通,对他解释一番,说你不敢违背项王的旨意,或者还可挽回。"沛公问道:"先生和项伯是旧交吗,你怎样认识他的?"张良道:"是的,在秦没有亡的时候,他就和我交游了。后来项伯犯了杀人之罪,是我救了他的,所以现在有了急难,他也来通报我。"沛公道:"你们两人,年纪哪个大?"张良答道:"项伯比我大。"沛公道:"请你替我请他进来,我要拜他为兄长,请他帮忙。"

张良就请项伯进来和沛公相见,沛公满满地酌了一杯酒,奉敬项伯,并且两人订为儿女亲家。沛公说道:"我入关以来,自己丝毫不敢有所取,查清关中的官吏、人民的户口,一一登记册上;又封好府库⑱,丝毫不动,专等项将军来点收。我所以派了许多兵马,把函谷关守住,是防别的盗寇进关来,免得发生不测之事。我日夜在这里盼望项将军来,哪里敢背叛他呢?请你把这话详细转告项将军,说我刘邦决不会背他的恩德的。"项伯应允了,说道:"那你明天一早,不可不亲自到项王那里去谢罪。"沛公答道:"好!我遵命!"

项伯仍旧回到自己营里,把沛公所说的话,说给项羽听,并且说道:"沛公若不先破关中,你又怎能这样容易进来?现在他有大功,你反要去攻击他,似乎有点说不过去!还不如好好款待他吧。"项羽也就允许了。

明天一早,沛公带了张良、樊哙和一百多骑人马,到鸿门见项羽,说道:"我和将军同心协力,攻那万恶的秦国,将军战于河北,我战于河南。可是我万想不到自己竟能够先入了关,攻破秦国,再和将军在这里会面的!现在不料因为小人离间的谗言,竟使将军和我产生了误解。"项羽说道:"这是你的左司马曹无伤说的,不然,我何至如此呢?"

项王就留沛公在营里,请他吃酒。项羽和项

伯向东坐,范增向南坐,沛公向北坐;张良向西坐。饮酒中间,范增屡次向项羽使眼色,把自己所佩的玉玦⑲,给项羽看——这是劝他决心下手杀沛公的手势——可项羽都置之不理,假装没有看见。范增便站起来,离开酒席,出来召项庄⑳,对他说道:"大王做事,心肠太软了,他不忍下手杀沛公。你且进去,先敬酒,敬好酒,再假意请舞剑取乐,趁这时候,去把沛公杀掉。倘若我们现在不是这样,那我们将来,反要做他的俘虏啦!"

项庄便进去敬酒,敬毕,说道:"大王和沛公饮酒欢会,在军中没有什么可以取乐,我来舞套剑给大家看看,聊助大家的酒兴。"项羽说道:"很好!"于是项庄拔出剑来就舞,项伯知其不怀好意,也拔出剑来舞,常常把自己的身子遮护沛公,使项庄不能近沛公的身。

张良看事势危急,走到军营门口,来见樊哙㉑,樊哙问道:"现在里面的情形如何?"张良道:"很紧急!项庄借舞剑为名,想趁此时下毒手,把沛公杀了。"樊哙说道:"这的确是很危急了!我进去拼了命救他吧,咱们要死死在一块儿!"

樊哙立刻带着宝剑,提着盾牌,大踏步直向项军营门里闯进去。门口的卫兵,把戟交叉着,要拦住他,樊哙便侧着盾牌,向左右推撞,两面的兵士都被他撞倒在地,他便直闯进去,撩起帐帷,面对面向项羽立着,怒目盯着项羽看,头发上指,目眦(zì)尽裂。项羽本来是席地坐着的,见樊哙闯进来,便竖起身子,跽(jì)在地上,一手按着剑,问道:"你是什么人?"张良在旁说道:"是沛公的参乘㉒樊哙。"项羽说道:"好个壮士!赏他一杯酒。"左右立刻酌了一大杯酒,递给樊哙。樊哙拜谢了,然后站起来,接了杯,一饮而尽。项羽又说:"再赏他一个生的猪蹄。"左右便又把一个又大又肥的生猪蹄,递给樊哙,樊哙接了,把盾牌覆在地上,又把猪蹄放在盾牌的上面,然后拔出剑来,一块一块地切开来吃,一会儿就吃完了。项羽说道:"壮士能够再喝吗?"樊哙答道:"我死且不怕,多喝几杯酒,有什么要紧!本来秦皇暴虐无道,心如虎狼,杀人恐怕杀不及杀不完一样,所以天下的人,都反叛他。怀王和诸将约过的:谁先破秦,入咸阳,谁就做王。现在沛公先破秦，入咸阳，府库人民，丝毫不敢有所动，退兵在霸上，专诚等大王来。他所以派了兵马，把函谷关守住，不过是防别的盗寇进关来，免得发生不测之事。如今大王来了，对于沛公这样劳苦功高的人，不但没有给予封侯的赏赐，反而听信小人的谗言，要杀害他，这不是暴虐无道，和秦王一样了吗？我想大王是决不会做这种事情的。"这一番话，说得项羽无言可答，只得没精打采地道："请坐！"于是樊哙和张良并排坐下。

坐了片刻，沛公推说要上茅厕，先离了席，又对樊哙做个手势，樊哙也离了席，两人一同出来。不多时，张良也随后走出。樊哙劝沛公逃走。沛公说道："我们出来，没有向项羽告辞，如何是好？"樊哙说道："要做大事，不能顾小节。如今他们是刀俎（zǔ），我们是鱼肉，只要能脱身就好，还讲什么告辞不告辞！"沛公听了，才决意走，命张良留谢项羽。张良问道："大王有什么礼品带来吗？"沛公答道："带来白璧一双，是要献给项王的；玉斗一双，是要赠给范增的。初来时，他们怒气未定，不敢献上，现在，你替我献给他们吧。"

那时沛公的军队,驻在霸上,离开鸿门,有四十里路,太远了,所以沛公决定从近便的小路走,把带来的车马,弃置在鸿门,只自己骑了一匹马,又叫樊哙、夏侯婴、靳强、纪信㉓四个人,都拿着兵器,步行随护。从骊山㉔下,经过芷阳㉕,逃回霸上去。临行的时候,对张良说道:"从这条路到我们军营里,不过二十来里,你算着时候,料我们已经回到营里了,然后进去。因为若是你现在进去,恐怕被他们察觉了赶来。"

项羽见沛公不在坐,便叫都尉陈平出去寻找沛公。陈平找了一回,看见沛公的车马,依旧停在营门外,便回说沛公没有走。

张良算计沛公已经回到自己军营里的时候,便进去对项羽代沛公道谢告辞,说道:"沛公酒量浅,竟喝得酩酊(mǐng dǐng)大醉,自己不能亲自来道谢告辞。谨命张良奉白璧一双,献给大王;玉斗一双,送给亚父。"项羽问道:"沛公在哪里?"张良答道:"听说大王有意要责备他,所以他一个人先走,回到自己营中去了。"

项羽就收下白璧，放在座上。范增受了玉斗，却放在地上，拔剑砍碎，愤愤说道："唉，小孩子，不足和他谋大事！夺项王天下的人，一定是沛公，我们都不免要做他的俘虏了。"

沛公一回到军营里，立刻把私通项羽的曹无伤，捉来杀了。

【注释】

① 沛公：就是汉高祖刘邦。刘邦初起兵的时候，首先攻克沛县，沛县的百姓，推他为一县之主，所以号称沛公。
② 楚怀王：是战国时楚怀王的孙子，名叫心。秦末起兵的时候，项梁立楚后为收拢人心，故仍名楚怀王。
③ 关中：地名，即今陕西省中部地方。东是函谷关，南是武关，西是散关，北是萧关，地在四关之中，故称关中。
④ 咸阳：秦朝的京城，即今陕西咸阳市。
⑤ 函谷关：关名，在今河南灵宝市南。
⑥ 当阳君：就是英布，楚将，后投汉。
⑦ 戏：水名，在陕西西安市临潼区东。
⑧ 营寨：驻扎军队的营房。
⑨ 霸上：地名，在陕西西安市东。

⑩ 左司马：古军官名。

⑪ 子婴：秦朝的末代君主。

⑫ 鸿门：地名，那时属新丰，在今陕西西安市临潼区东。

⑬ 范增：辅项羽霸诸侯，尊称亚父。

⑭ 左尹：古官名。

⑮ 项伯：项羽的叔父，名缠，后降汉，封射阳侯。

⑯ 张良：字子房，为韩报仇，佐沛公灭秦、楚，后封留侯。

⑰ 鲰（zōu）生：识见很浅的小生。

⑱ 府库：公家收藏财宝的处所。

⑲ 玉玦（jué）：古人佩挂的饰物，形如玉环，四分缺一。

⑳ 项庄：项羽的从弟。

㉑ 樊哙（kuài）：沛人，沛公手下的勇将，后封舞阳侯。

㉒ 参乘：古时乘车立于车右的人。

㉓ 夏侯婴、靳强、纪信：都是沛公的亲信将官。

㉔ 骊山：在陕西省西安市临潼区东南。

㉕ 芷阳：地名，后改名霸陵，在今陕西西安。

荥阳之围

【故事】

汉军守荥阳①，特造一条甬道②，来运取敖仓的积谷，充作军饷。项羽知道了，便屡次派兵，截住那甬道，因此汉军的粮食，常常断绝。

汉军时因缺乏粮食而恐慌，沛公于是向项羽求和，提出的条件是：只要把荥阳以西的地方割归汉有，其余都割归项羽。项羽想允许沛公的请求，范增连忙阻止道："不可，不可！此刻汉已势穷力竭，是很容易解决的了。要是错过现在的机会，同他讲和，纵虎归山，那将来，恐怕要悔之不及啊！"

项羽听了范增的话，就急急把荥阳围困起来。沛公甚为担忧，后来知道这是范增出的主意，便用陈平的计策，去离间项羽和范增。

项羽派使者到沛公这里来，沛公备好太牢③

和种种山珍海味，摆了一桌很丰富的筵席，款待来使。等到沛公出来，会见这使者的时候，却假装吃惊的样子，说道："我还以为是亚父派来的使者，哪知是项羽派来的使者。"便命左右把那陈设着的丰富筵席，一齐撤去，另外拿出一碗糙（cāo）米饭、几碟粗小菜来，请项羽的使者吃。

使者回去，把这一回事，报告项羽。项羽因此疑心范增和沛公私通，就渐渐削夺他的权柄。范增冤愤交并，便向项羽辞职，说道："天下事，如今大定了！一切请大王好自为之。我老了，但愿大王赐我骸骨，放我回到家乡去。"项羽允许了。范增动身回去，没有走到彭城④，就生了发背⑤，死在半路上。

楚军围攻荥阳，一天紧似一天。汉将纪信便向沛公说道："事情危急极了！我愿意假扮大王，去投降项羽，瞒过他一时，大王可以趁此机会，脱身逃出。"沛公没法，只得用了他的计策。这天夜里，沛公召集了城中两千多个妇女，叫她们都穿起盔甲来，从荥阳东门逃出。楚军立刻四面围拢来，攻击这两千多个妇女，随后纪信穿着黄袍，戴起冕旒（miǎn liú），乘了沛公的车，向楚军阵前推来，说道："城中缺粮乏食，沛公已愿降顺项王。"楚军一听得沛公投降，个个都高呼万岁，庆贺项羽的胜利，就把那两千多个妇女，一概放走。一面，沛公却带了几十人马，溜出西门，逃到成皋去。

项羽仔细一看，来投降的是纪信，不是沛公，便喝问道："沛公到哪里去了？"纪信答道："早逃走了！"项羽怒极，把纪信捆绑起来，放在火中活活地烧死。

【注释】

① 荥（xíng）阳：地名，即今河南省荥阳市。
② 甬道：军事时期，筑来运粮的道路。
③ 太牢：牛、羊、豕三种牺牲合用，谓之太牢。
④ 彭城：地名，即今江苏徐州。
⑤ 发背：病名，生在背部的痈疽，叫发背。

斗智不斗力

【故事】

楚汉两军,在广武①相持,双方都按兵不动,迁延好几个月还没有接触开战。

当时汉军已占领敖仓②,粮食丰足,尽可和楚军相持下去。但楚军的粮食,却须从远道运来,十分不便;并且又有彭越③,常常在梁④这地方,截击楚军运饷的兵,断绝他们的粮食。因此,项羽很为担忧,不得不急求一战。

项羽几次三番出兵去挑战,又用种种计策去激怒沛公,沛公只是按兵不动,不出来接战,项羽非常焦急。忽然想起沛公的父亲太公,还留在自己军中,正可拿他来要挟。

于是项羽传令兵士,在营前空地上,摆下一个又高又大的砧头,把太公捆绑起来,放在那砧头上,做成要将太公宰割烹食的样子;一面差人去警告沛公，说道："你要是再不快快退出这个地方，我要烹食你的父亲了。"沛公不慌不忙地答道："我和项羽，一同受命于楚怀王，约为兄弟，我的父亲，就是他的父亲。万一他伤天害理，一定要烹食他的父亲，那么，烹好之后，请他分一杯羹给我尝尝。"

来人回报项羽，项羽大怒，便真个要杀太公。项伯劝阻道："现在楚汉两家争天下，究竟谁胜谁败，尚未可知。况且争天下的人，都是不顾家的，就是把太公杀了，也是无益于事的，反而怨仇加深了！"项羽很以为是，便依了项伯的话。

楚汉两军，既然相持许久，未曾决战，丁壮供兵役，思家心切，个个叫苦连天；老弱的输运粮饷，也个个筋疲力尽。因此项羽来和沛公说道："天下汹汹，干戈不息，已经好几年了！这都是为我们两个人的缘故。我愿意我们两个人早点开战，一决胜负，免得徒然劳苦天下的百姓！"沛公笑谢道："我宁和你斗智，不和你斗力。"

项羽命壮士出来挑战，沛公手下，有个工骑善射的人，名叫楼烦⑤，出来接战。楚军来挑战的壮士，都只战得三个回合，便被楼烦射死。项羽见自己一方面失利，不禁大怒，披了甲，挺着戟，亲自出来迎战。楼烦正待拈弓搭箭，要射项羽。项羽睁大虎眼，大喝一声，好似半空里起个霹雳一般，神威逼人。楼烦百发百中的箭术，被项羽这一喝，便失了效用，手上的箭，也不敢发出了，连头也不敢抬起来看项羽一眼，就连忙逃回营中，再不敢出来接战了。

沛公在远处观战，见楼烦忽然被人喝退，便派人去查问来将是谁。哪知就是项羽自己，沛公大惊。

于是项羽乘势进去，渐渐逼近沛公，两人会面打话了，沛公把项羽的罪恶，一件一件数说出来。项羽大怒，对沛公道："有本领的来决斗，谁耐烦同你吵嘴？"沛公却始终不肯出战。项羽没法，只得命预先埋伏下的弓弩手射去，把沛公射伤。沛公才舍去广武，带伤逃到成皋。

【注释】

① 广武：山名，在河南荥阳市东北，东连荥泽，西接汜

水,有东西二城,西城是汉所筑,东城是楚所筑,两城中间,有绝涧断山,称作广武涧。

② 敖仓:敖,山名,在今河南荥阳市西北。山上有城,秦时设谷仓在山上,故名为敖仓。

③ 彭越:昌邑人,字仲。初事项羽,后投沛公。

④ 梁:地名,即今河南开封市。

⑤ 楼烦:人名,工骑善射,是沛公手下的将官。

英雄的末路

【故事】

沛公约韩信①、彭越,会攻项羽,和各路的汉军一齐会集在垓下②,把项羽重重围住。

项羽被敌军重重地包围着,加之兵少粮尽,他虽然英雄盖世,到此也束手无策了。有一夜,在万籁俱寂的时候,只听得四面都是乡音刺耳的楚人歌声,从汉军里,一阵一阵送到耳边来,不由得大惊道:"难道汉已尽得楚地了吗?怎么汉军之中,楚人这样的多呢!"因此,他再睡不熟了,仍旧起来在帐中③喝酒。

项羽有个很宠爱的美人,名叫虞姬④,无时不带在身边的;有一匹日行千里的骏马,名叫乌骓⑤,没有一次临阵不骑它的。项羽处此兵败势蹙的当儿,对这美人、骏马,分外有所感触,分外有所留恋。于是便作了一首歌,悲凉地唱道:

"力拔山兮⑥气盖世！

时不利兮骓不逝⑦！

骓不逝兮可奈何！

虞兮！虞兮！奈若⑧何？"

反复唱了几遍，虞姬也和着唱，唱到后来，项羽不禁流出几行英雄泪来。左右的人，听到他的歌声，个个都呜咽悲泣，不能仰视。随后虞姬就拔剑自刎而死。项羽也就披挂上马，麾下的壮士，有八百多人都骑了马跟着他，乘着黑夜，竟冲出重围，向南逃去。

到了天明的时候，汉军才晓得项羽已经突围而出，便派骑将灌婴⑨，领了五千兵马，去追赶项羽。

项羽领了八百多骑，逃出重围，等到渡过淮水⑩的时候，手下只剩百把个人了。走到阴陵⑪，忽然迷失路途，看见一个农夫，项羽便去向他问路，这农夫故意骗他向左边走，哪知向左边走去，竟陷在一个大泽⑫里，因此被汉军赶上。项羽就领了兵马，急急向东而走，退到东城⑬，身边只剩二十八个人了。项羽跑上一个山冈，回头一望，见汉军几千兵马紧紧地从后赶来，自料不能脱身，便对那二十八个人说道："我自从起兵以来，到现在已经八年了。八年之中，亲身经历了七十多场战争：抵挡我的无不败北⑭，我所攻击的无不降服，我自己却从没有被打败过，因此称霸天下。哪知到了如今，终究被围困在这里！这是天灭亡我，不是我不会打仗的缘故啊！今日固然难免于死，但我决不肯这样白白地死了。你们看我，我定要冲出重围，斩将骞旗⑮，把汉军杀个痛快，使你们知道这是天要灭亡我，不是我不会打仗的缘故。"

那时汉军已追到，将那山冈团团围住。项羽先把他的部下二十八骑，分为四队，分向东南西北四方，然后对他们说道："你们看，我要冲下山去，斩汉军中一将！"又伸手指着东方，吩咐道："你们也分头从四方冲下山去，在山的东面那三个地点集合。"

说罢，项羽便大喝一声，放马冲下山来，汉军兵将，人人披靡⑯，没有一个能阻拦他的。项羽顺手斩汉军一将，冲出重围，向东面走。这时，汉军骑将杨喜⑰，不识好歹，追上前去。项羽回转头来，像狮吼般怒喝一声，杨喜不由得连人带马，都大吃一惊，退回好几里。

于是项羽和他的部下二十八骑，分为三处集合。汉军不知项羽究竟在哪一处，也把兵马分为三大队，再来围攻他们。项羽也便再冲过来，又斩了汉军中一个都尉，杀了几百个小兵，然后再召集他的部下，二十八骑，只缺了两骑。项羽便对他的部下说道："怎样，我的话？"他的部下都很佩服地说道："诚如大王所说，这是天要灭亡大王，并不是大王不会打仗的缘故。"

于是项羽想渡过乌江⑱，逃到江东⑲去。哪知到了江边，乌江的亭长⑳，已经备好船只，停在江边等待了。那亭长向项羽说道："江东地方虽小，却有几十万民众，占据了江东，也可以大有作为的。请大王快快下船来，渡过江去。这时候，只我有船只，汉军追来，无法可以渡江的。"项羽笑谢道："天要灭亡我项羽，我还要渡过去做什么？况且我带了江东八千子弟，渡江而西，到如今没有一个生还江东，就是江东的父老怜惜我，仍旧推我做王,难道我自己还有面目去见他们吗?就是他们不责备我,难道我自己不惭愧吗?"说罢,略略思索一会儿,又对亭长说道:"我看你是个仁厚长者,我五年来都骑这匹马,所向无敌,而且它的脚力真好,常常日行千里。我不忍杀它,送给你吧。"

项羽就把马送给亭长,并且叫随从的兵士,都下马步行。那时汉军已赶上来,他们便各拿着短刀接战,和汉军肉搏,项羽一个人,杀了汉军数百人,他自己身上,也受伤十多处。在那刀枪丛中,项羽忽然看见汉将吕马童[21],便说道:"你不是我的旧友吗?"马童听了,旋转头来,正对项羽一看,就伸手指示王翳[22]道:"他,就是项王!"项羽对马童说道:"我听说汉王已悬了千金万户的赏,来买我的头。现在送个人情给你吧!"说罢,就拔出剑来,自刎而死。

王翳就抢上前去,取了项羽的头。汉军的兵将,个个都想争功受赏,自相残杀地打起来……最后,杨喜、吕马童、吕胜[23]、杨武[24]四将,各夺得项羽遗尸的一段,回去献给沛公,沛公凑拢来，果然是项羽的尸首。于是各赏他们五个人万户之地，封为列侯。

【注释】

① 韩信：淮阴人，汉朝的大将，封淮阴侯。
② 垓（gāi）下：地名，在今安徽灵璧县东南。
③ 帐中：行军的时候，张帐幕在露天下，以为休息办事之处。
④ 虞姬：项羽的爱姬。
⑤ 乌骓（zhuī）：项羽所爱的黑色骏马。
⑥ 力拔山兮：是说有力量能够拔起一座山。兮，助词，犹白话"啊"。
⑦ 逝：往前去的意思。
⑧ 若：作"你"字解。
⑨ 灌婴：睢（suī）阳人，汉将，后封颍阴侯。
⑩ 淮水：四渎之一，源出河南的桐柏山，东流入安徽境，潴（zhū）在江苏的洪泽湖。
⑪ 阴陵：地名，在今安徽和县之北。
⑫ 大泽：大的湖沼。
⑬ 东城：地名，在今安徽定远县南。
⑭ 败北：打败逃走，谓之败北。

⑮ 骞（qiān）旗：拔取敌人的旗帜。

⑯ 披靡：好像草木不禁风而散乱的样子。

⑰ 杨喜：人名，汉将，后封赤泉侯。

⑱ 乌江：水名，在今安徽和县东北四十里。

⑲ 江东：就是乌江的东面。

⑳ 亭长：秦汉时候制度：每十里为一亭，亭有长，掌管捕盗贼的事情。

㉑ 吕马童：人名，汉将，封中水侯。

㉒ 王翳（yì）：人名，汉将，封杜衍侯。

㉓ 吕胜：人名，汉将，封涅阳侯。

㉔ 杨武：人名，汉将，封吴房侯。

刘邦故事一

【故事】

汉高祖，姓刘，名邦，字季，是沛县丰邑①中阳里人。他的父亲叫刘太公，母亲叫刘媪（ǎo）。

当初刘媪曾经在一个大湖旁边的堤上歇息，忽然梦见和一个天神相遇。那时电光闪闪，雷声隆隆，黑漆漆的乌云布满在天空。太公因为天色不好，看刘媪还没有回家，便出去寻找，找到刘媪歇息的地方，却看见一条蛟龙模样的东西，在她的头上盘旋。

夫妻俩回家以后，刘媪便怀了孕，生出来的孩子，就是刘邦。刘邦长得长颈高鼻，须髯（rán）修美，好像龙的容颜一般；左边大腿上，还有七十二粒黑痣。他的性情，仁厚爱人，并且喜欢施舍；度量宽宏豁达，对于家计很大意，不知道替家中做生产的事情。

等到壮年的时候，他试做官吏，当泗水②的亭长。衙门里上下官吏，没有一个不被他捉弄欺侮的。他不但喜欢喝酒，并且喜欢女色，常到王媪、武负两人所开的酒店里喝酒，每每喝得烂醉如泥，睡在酒店里。有好几次，当他酒醉睡熟的时候，武负、王媪两人便看见有一条龙，盘旋在他的头上，他们觉得非常奇怪。平常，刘邦到他们店里去沽酒，他们两人，总是把酒价抬高数倍，赊给他。自从看见刘邦头上有龙出现以后，知道他是个非凡之人，到了年底，两家竟把刘邦所欠的酒账，都一笔勾销，不要他偿还。

当时秦始皇穷奢极欲，大兴土木，征集各处民夫，替他造宫殿，铺道路。刘邦也曾经被征发到咸阳去做工。有一天，看见秦始皇御驾出来，非常威武，他便很羡慕地叹道："唉！大丈夫是应当如此的啊！"

单父③人吕公④和沛县的县令，是很要好的朋友，因为有仇人谋害他，他避到沛县县令这里来做客，就住在沛县。沛县的绅士和吃衙门饭的人，听到县令那里来了一位尊贵的新客，大家凑份子来庆贺。公推萧何⑤做总办，专管收受贺礼。萧何便定一个规则，对大家宣布道："贺礼不到一千文钱的人，坐在堂下。"

刘邦是亭长，当然也在内，可是他素来喜欢捉弄吃衙门饭的同伴。他也去道贺，其实身边一文钱都没有带，他却说谎在名帖上写道："刘季，出贺钱一万。"名帖投了进去，吕公接来一看，心中暗吃一惊，连忙站起来，走到门口迎接他。吕公是个擅于看相的人，一见刘邦相貌非凡，非常敬重他，邀他坐在首位，而且极口称颂他，说他将来一定有一番大事业。萧何却说道："刘季向来只会说大话，他是空言多而成功少的人。"刘邦虽然一文钱都没有出，却高高地坐在首位，一点儿也不惭愧。

酒阑，座客渐渐散了，吕公却只向刘邦使眼色，叫他别走。别人都散完了，刘邦酒也喝够了，吕公便对刘邦说道："我从小就喜欢看相，到现在已经相过不少人了，可是从没有见过像你这种好相貌。我有个爱女，要是你不嫌弃，愿意嫁给你。"

刘邦走后,吕公的妻子吕媪很生气地责问吕公道:"你从前常说,我这女儿,是一个奇女子,将来一定要配给贵人。沛县的县令,是和你很要好的朋友,你不许给他,怎么倒糊里糊涂,许给刘季呢?"吕公答道:"这不是你们妇女们所知道的事。"他终于把女儿嫁给刘邦做妻子,就是后来的吕皇后。

【注释】

① 丰邑:今江苏丰县。
② 泗水:地名,今山东泗水县。
③ 单(shàn)父:地名,在今山东单县南。
④ 吕公:单人,名文,字叔平。
⑤ 萧何:沛人,后来做汉高祖的宰相,封酂侯。

刘邦故事二

【故事】

刘邦做亭长的时候,从沛县解送一批犯人往骊山去。那些犯人多半在半路上逃脱,他自己想道:"此去路途还很远,现在犯人已经逃走许多了,解到目的地,岂不是要逃完了吗?与其被他们逃脱,不如我卖个人情,把他们都放了,岂不好呢?"

他打定主意,一天,走到丰县西面的大泽中,他歇下来,买酒痛饮。到了夜里,就把所有的犯人,都解除束缚,并且对他们说道:"你们都去吧!我也从此不回沛县,要逃避到别处去了。"

犯人中,有十几个壮士,自愿跟着刘邦逃。刘邦添上几十斤酒,又和这十几个壮士痛饮一番,然后趁着黑夜,拣小路逃走。并且派一个人先走,向前试探,路上有没有什么危险。

哪知走了不多时，那探路的人，忽然慌慌张张逃转来报告道："前面有条身长数丈的大蛇，昂首吐舌，拦住了去路！"

刘邦这时，已喝得醺醺大醉，说道："壮士们，向前走，怕什么！"他就自己领头，独自向前，别的人，可都胆小，落在后面了。刘邦走了不多时，果然看见前面有条大蛇，昂首吐舌，拦住去路。他便拔出剑来，一挥，将那蛇斩为两段，路便立刻通行了。

刘邦再向前进，走了没有几里路，酒性发作，东倒西歪，两脚支持不住，就躺在地上睡着了。

在后面的人，走到刘邦斩死那条蛇的地方，看见一个老婆婆，坐在路上哭。他们很是奇怪，问那老婆婆道："你为什么半夜三更，在这荒野的小路上哭？"

她答道："刚才我的儿子，在这里被人杀死了，我悲伤我的儿子死于非命，所以在这里哭。"

"你的儿子，是为了什么缘故，被人杀死的呢？"

"我的儿子是白帝①之子，化蛇拦路，被赤

帝②之子杀死了。"

他们听那老婆婆讲的，是一派荒唐的话，以为她不诚实，要去打她，哪知一眨眼间，老婆婆忽然无影无踪，不知到哪里去了。

他们走到刘邦醉卧的地方，刘邦已经醒转来了，他们便把在路上遇到这样的一回事，告诉刘邦，刘邦心里暗自欢喜，自负将来有做帝王的份儿。那班跟他的人，从此也更加畏惧他，服从他。

那时，秦始皇帝常听方士说："东南方有天子之气。"因而御驾东游，要来压倒那天子之气。刘邦知道了，非常疑惧，恐怕自己有性命的危险，连忙躲在芒砀③山间，不敢出来。

刘邦躲在山里，恐怕被别人找着，所以东窜西避，天天换地方，可是他的妻子吕氏，有时自己去寻他，有时派别人去寻他，不论他躲在什么地方，他们总一寻就寻着。刘邦很是奇怪，问道："我躲在穷山深谷之中，你们怎么寻得到？"吕氏答道："你所在的地方，上面一定有一种云气，所以一寻便寻着。"刘邦听了这话，心中愈加喜欢。

沛中的子弟，听到刘邦有这种灵异的事情，

因此来归附他的，一天多似一天。

【注释】

① 白帝：西方之神，谓之白帝。

② 赤帝：南方之神，谓之赤帝。

③ 芒砀（máng dàng）：二山名，在安徽砀山县东南，和河南永城市接界。二山只相隔八里。

刘邦故事三

【故事】

秦二世皇帝元年的秋天，陈胜①在蕲②这个地方起事，转战到陈③，便自称为王，国号张楚。——他的意思，是说要"张大楚国"，借楚国的名义来号召，所以国号张楚。——附近的郡县，都是楚国旧有的领土，民众便杀了当地的官长，响应陈胜。

那时沛县的县令，见各地情形如此，知道民意所向，是不可遏止的，不如自己先发动，率领了本县民众，去响应陈胜。于是召集手下的胥吏，商议起事的办法。萧何、曹参便献计道："相公本是朝廷官吏，现在你想反叛朝廷，率领沛县的民众去响应陈胜，恐怕他们不见得肯服从吧！我们想：不如利用那班从前亡命在外的人，召他们过来，大概有几百人。我们人数一多，便可以压制民众，不怕他们不服从了。"

沛县的县令，依了他们的话，派樊哙去召刘邦。这时刘邦手下，已有几百人了。得到这个好机会，便立刻带了部下，同樊哙向沛县而来。

哪知沛令忽然反悔，他恐怕那些亡命之徒回来之后，野性难驯，难免发生乱子，不利于自己。便把四面城门，紧紧关闭，派兵士上城守住，并且疑心萧曹二人，献这计策，也不怀好意，要把他们杀死，以除后患。

萧曹二人知道了，非常惊慌，便连夜逃走，爬出城墙，来投刘邦。刘邦见沛令变卦，便写了一封信，缚在箭上，射到城里，信中是对沛县父老说的话：

"百姓们受秦皇苛法暴政的痛苦，已经很长久了，现在已经是大家起来反抗暴秦的时候了！城中父老们不明大势，甘心替暴秦效力，虽然暂保目前，可是不久，各处诸侯的兵就要到来，那时恐怕全城的人，都难免要受屠杀呢。倘若咱们现在就把沛令杀了，选择一个有作为的人，推为领袖，以响应各处的诸侯，那么，咱们的身家性命，都可保全。不然，父子兄弟，同归于尽，是不值得的！"

城中的父老，读了这封信，便率领城中的子弟，把沛令杀死，打开城门，迎接刘邦进城，并且就请刘邦做沛县的县令。刘邦说道："现在天下混乱，群雄并起的时候，如果领袖人选不得当，那将来定要一败涂地，不可收拾。我并非自惜身家，唯恐才力薄弱，不能胜任，有负父老兄弟们的委托。这事关系极重大，请大家另推才力充足，能够胜任的人，来做我们的领袖吧。"

父老们便推举萧曹两个人，然而他们两个人，都是胆小的文官，恐怕事情失败了，反受秦廷灭族之祸，所以都不肯冒险就职。

父老们只得再对刘邦说道："我们平时，听得你有种种神奇的预兆，知道你将来一定要得志的。并且现在起的卦，别的人都不吉利，只有你做领袖是吉利的，请不要再推辞吧。"刘邦还是再三推让，可是别的人，大家都不敢担当这大事，所以终于推立刘邦为沛公。

【注释】

① 陈胜：阳城人，字涉，是第一个起义叛秦的人。

② 蕲（qí）：地名，今湖北蕲春县。

③ 陈：地名，今河南淮阳。

季札赠剑

【故事】

　　季札①是吴国②的一个贤公子。他有三个哥哥：老大叫诸樊③，老二叫馀祭④，老三叫馀昧⑤，他是老四。他的父亲吴王寿梦⑥，独独喜欢小儿子，想把王位传给季札，不传给其余的儿子；而季札的哥哥们——诸樊、馀祭、馀昧他们，也都非常爱重季札，也很愿意让贤能的弟弟做吴国的国王。季札当然推让不受。

　　后来，他父亲死了，大哥诸樊，一定要让季札做国王；吴国的人民，也一定要推戴季札做国王。季札可一定不肯，竟逃走了。诸樊没法，只得自己做了国王，但是他临死的时候，把王位传给兄弟馀祭，不传给自己的儿子，并且吩咐馀祭，将来也要把王位传给兄弟，不要传给自己的儿子。他的意思，以为这样的兄死弟代，依次传下去，无论如何，总可以使季札轮到做吴国的国王。馀祭他们，都能遵守他的遗嘱，于是吴国的王位，依次由诸樊传馀祭，馀祭传馀昧，但是等到馀昧死了，轮着季札做国王的时候，他竟又逃走了。

※　　　※　　　※　　　※

当初，季札曾经奉命出使到北方去，路过徐国⑦，会晤徐国的国君。徐国的国君，看见季札身上佩着一口宝剑，非常中意，便拿来摩挲玩赏，不忍释手。季札知道徐国的国君，心爱这口宝剑，决意要送他。但是因为出使大国，没有这种装饰的东西，又恐怕失去体面，所以没有把那宝剑即刻送给徐国的国君。

等到他出使回来，再路过徐国的时候，徐国的国君，已经离开人世，长眠在坟墓之中了！季札于是解下他所佩的那口宝剑来，挂在徐君的坟树上，然后动身回吴国去。

他的随员，很为奇怪，问道："现在徐君已经死了，你还要把这宝剑挂在树上，送给谁呢？难道徐君还会从地下爬起来，收受你的宝剑吗？这种举动，岂不可笑？"季札答道："不是这样说，从前我心里已经默许，把这宝剑送给他，岂可以因为他死了，便违背我的本心，就不送给他呢？"

【注释】

① 季札（zhá）：春秋吴王寿梦的小儿子。寿梦见他贤能，想立他为吴国的国君，他总推让不受。因封在延陵，号为延陵季子。

② 吴国：古国名。周泰伯的后代，春秋时候，占有现今江南地区。

③ 诸樊：春秋吴王，是寿梦的长子，名遏。寿梦死后，诸樊权理国政。待到三年丧过，就要把王位让给他弟弟季札，季札推辞不受。

④ 馀祭：春秋吴王，是寿梦的次子。

⑤ 馀昧：春秋吴王，是寿梦的第三个儿子。

⑥ 寿梦：周章十四世孙。吴国到寿梦的时候，才列为大国，并且僭号称王。

⑦ 徐国：在今江苏泗洪南，有徐县故城。

公子光争位

【故事】

公子光①，是吴王诸樊的儿子。当寿梦死后，诸樊兄弟们，把王位传弟不传子，一则仰承父志，一则爱弟心切——由诸樊传给馀祭，馀祭传给馀昧。等到馀昧死了，王位该轮到季札的时候，季札却逃走了。

于是馀昧的儿子名叫僚的，便自立为吴王。公子光非常不平，以为季札既然不受王位，那便应该轮到自己，轮不到僚。

因此，公子光常怀袭杀王僚的心思。无奈吴国掌权的官吏，都是王僚的党羽，一时无从下手。于是他暗地收容当时的贤人勇士，以备将来袭杀王僚之用。

伍子胥②的父亲，因为得罪楚王③，楚王把他和伍子胥的哥哥都杀了。伍子胥幸亏得间逃出，奔亡到吴国，进见王僚，劝王僚出兵去攻打楚国，说攻打楚国，如何如何地有利于吴国，王僚果然被伍子胥说动，想去征伐楚国。

这事被公子光知道，他恐怕王僚得到如此智勇兼全的能人，将来愈加难以除灭，便阻止王僚道："伍子胥的父兄，都被楚王杀死，这是他想报他的私仇，我看未必有利于我们吴国的。"王僚一想不错，也就终止伐楚的念头，并且不大信任伍子胥了。

伍子胥见王僚是个无用的人，公子光倒是一个英雄，并且知道公子光别有怀抱——知道公子光有袭杀王僚的野心，于是去访求一个勇士专诸④，一同来见公子光。公子光一见大喜，便请伍子胥做他门下的上客。此后，伍子胥也不做吴国的官吏，退隐到田野中，做耕种的事情，和专诸两人静等时机的到来。

后来王僚派了自己的两个弟弟，带了大兵，攻打楚国，哪知吴军反而大败亏输，被楚军截断了归路，不能回来。公子光见这时候王僚孤立无助，知道机会已到，不可错过，便决定动手袭击他。

他事先在地下密室里，埋伏甲兵，然后请王僚来喝酒。王僚也知公子光不怀好意，自己披上三重铁甲，一面在从宫中至公子光家里的路上，满布着持戟负枪的兵士，接连不断地守卫着。席上伺候的，都是王僚亲信的人，并且还有许多操刀佩剑的勇士，在旁边戒备着。凡是上菜的人，都要身上搜检过，才放进去。

公子光在酒席吃了一半的时候，假装足痛，退避到地下密室里；一面叫专诸扮作上菜的人，将一把极锋利的匕首⑤，藏在一条炙熟的大鱼的肚子里，就在上这碗菜的时候，从鱼肚里取出匕首来行刺。

专诸裸体托着这碗已经暗藏好匕首的炙鱼，待到走近王僚身前的时候，出其不意，忽地取出匕首，向王僚胸口刺去，那匕首，直贯王僚三重铁甲，从背后穿出，王僚登时气绝身死。左右的侍卫，见专诸忽然刺死王僚，便刀戟交加，把专诸剁为肉酱。

王僚既已刺死，于是公子光自立为吴王，封

专诸的儿子做卿,叫伍子胥做谋臣。

【注释】

① 公子光:就是吴王阖庐(hé lú),旧戏中《鱼藏剑》(又名《专诸刺王僚》)一剧,就是演公子光争位的故事的。
② 伍子胥:春秋时楚国人,名字叫员。他的父亲名奢,兄名尚,皆为楚王所杀。子胥奔亡吴国,辅佐吴国去伐楚,打进楚国的时候,杀他父兄的楚王,已经死了,子胥便把楚王的坟墓掘开来,鞭打楚王的遗尸三百下。
③ 楚王:就是楚平王。
④ 专诸:春秋吴国堂邑地方的人,也有叫他为鲔设诸的。
⑤ 匕首:剑中最短的,称为匕首。因为剑头好像羹匙的样子,故名匕首。

吴越相争

【故事】

吴国出兵攻打越国①,越王勾践②也带了兵马到槜李③,迎击吴军。

勾践设了计策:派三百个死罪的犯人,分作三行,个个都袒④胸露臂,把宝剑架在自己颈项上,来到吴军营前,说道:"我们君主勾践,不自量力,开罪大国,因此辱劳大国下讨。我们是死不足惜的罪人,情愿一死以代越王之罪。"说罢,一齐把宝剑在颈项上用力一挥,都自刎了。

吴国的兵士,看得很为奇怪,都忘了作战时的戒备。越军便趁这机会,出其不意,用大队人马,像潮水一般地向吴军营寨冲杀,因此大败吴军,一直追到姑苏⑤。吴王阖庐,自己也伤了将指⑥。

吴王阖庐因伤而病,因病而死了。在临终的

时候，把吴国的王位，传给太子夫差⑦，并且对他说道："你会忘记杀你父亲的勾践吗？"夫差答道："不敢！过了三年，我一定替父亲报仇！"

夫差即位之后，举大夫伯嚭⑧为太宰，满储着报仇雪耻的志念，尽力练习战阵和射击，以为复仇的准备。

第二年，夫差把吴国所有的精兵，统统召集了，去攻打越国，越军在夫椒⑨大败亏输。从前姑苏一役，阖庐兵败身亡的仇恨，果然被夫差报复了。

越王勾践，被夫差打败，只领着五千兵械不全的残兵，逃到会稽⑩。吴军又追赶上来，把会稽紧紧围住。

那时越军已经完全丧失了战斗力，对于吴军，一点儿不能再抵抗了，勾践便和他的臣子范蠡⑪商量道："事势危急极了！你看如何是好？"范蠡答道："事已如此，只有派人去对吴王说好话，送他厚重的礼物，向他求和。如果他还不允许，那只有自己暂时委屈，去做他的臣子。"

勾践依了范蠡的计策，叫文种⑫带了厚重的

礼物，到吴国去求和。文种膝行到夫差面前，极卑屈地说道："亡国罪臣勾践，派我来请求大王，他愿意做大王的臣子；他的妻子，愿意做大王的侍妾，请大王赦了他们的罪吧。"夫差满心想允许他。吴国的忠臣伍子胥连忙谏阻道："这是天拿越国赐给我们吴国的，大王怎可以逆天行事，失去这种好机会，允许他求和呢？"

文种回来，说夫差不肯讲和，勾践便想把自己的妻子都杀了，把所有的财货珍宝都烧毁了，带了五千人，去拼死打一仗。文种阻止道："吴国的太宰伯嚭，是个贪财的人，我们可以走他的门路，私下用金钱珍宝去买通他，叫他劝吴王允许我们的请求。"

勾践于是又叫文种带了美女财宝，暗地里送给太宰伯嚭，伯嚭就带文种去见夫差。文种对夫差说道："要是大王赦了勾践的罪，那越国的一切财货和珍宝，都是大王的东西了；要是不幸，大王不肯宽赦勾践的罪，那么，勾践便决意要杀了他的妻子，烧毁了他所有的财货和珍宝，领了他的五千人马，和大王来拼死一战，虽则一定不能战胜，但是大王这一面，也总要受相当大的损失的。"

伯嚭也对夫差说道："勾践既然臣服，大王就宽赦了他吧，这对于我们吴国是很有利益的。"夫差那时为利所动，决意要允许勾践的求和了。

深谋远虑的伍子胥，得了这个消息，连忙再阻止夫差道："从前夏朝的时候，羿⑬篡夺了夏后相⑭的帝位，寒浞⑮又杀了羿，自立为帝。他知道夏后相依靠着同姓的诸侯斟灌⑯、斟寻⑰，便派自己的儿子有过氏⑱，出兵去先杀了斟灌，再讨伐斟寻，便灭了夏后相。夏后相的妃后缗⑲，正怀了孕，逃到有仍⑳，生了一个儿子，名字叫作少康㉑。少康长成之后，就在有仍做了牧正㉒。有过氏听说还有夏后相的后嗣，逃亡在有仍，恐怕将有后患，所以又要把少康杀死。少康得了消息，急忙逃避到有虞㉓，有虞的国君思念夏禹的恩德，于是把自己两个女儿，配给少康做妻子，并且把纶这个地方，给了少康。纶这个地方，只有田一成㉔，有众一旅㉕，可是少康靠这个小小的基业，召集夏朝的民众，招抚旧时的官吏，后来有过氏竟被少康灭了。如今吴国既然没有有过氏这般的强,而且勾践虽败,所有的基业毕竟还比少康大得多,现在不趁此机会灭了他,反而宽放过他,岂不是纵虎归山,太没有深谋远虑了吗?况且勾践这个人,是个刻苦自励的人,现在若不将他除灭了,将来一定要后悔不及的。"可是夫差不听伍子胥的话,竟依太宰伯嚭的话,允许勾践讲和,放他归国。

越王勾践回国之后,就苦身焦思,夜里睡觉,不用床铺,更没有被褥,只卧在薪上;又把苦味的胆,挂在座右,不论坐、卧、饮、食,都仰起头来,尝着那苦味的胆汁,同时自己问自己道:"你忘记了会稽的耻辱吗?"他亲自在田里做耕种的事情,他的妻子也亲自在机上织布。他嘴里不尝鱼肉等美味,身上不穿两种彩色的华丽衣服,把自己的身份放得很低,去亲近当时贤能的人,厚待宾客,赈济贫苦,吊问死亡,一切都是亲自做。当时又有文种管政事,范蠡理军事。尽心协力,生聚人民,教训人民,准备报仇雪恨。

但是那夫差呢,自从战胜越国之后,便气骄

志傲，屡次出兵，攻打同吴国毫没有利害关系的齐国。勾践在这时候，极力奉承夫差，极力讨好夫差，备了许多财物和美女来朝贡，并且率领越国的兵马，帮助夫差去打齐国。夫差受了勾践的奉承，把从前的深仇宿怨，都抛到九霄云外了。

伍子胥见了这样的情形，当然要去劝告夫差，叫夫差不要落了勾践的圈套。哪知反因此触怒夫差，再加上伯嚭的谗言，夫差便赐伍子胥一把属镂剑㉖，叫他自尽。伍子胥在临死的时候，很愤激地对夫差说道："请你在我的坟墓上，种些梓木，将来可以做你的棺材！把我的眼睛挖下来，放在吴国的东门，将来可以看越国来灭吴国！"

越国经过了十年生聚，十年教训，国富民庶，兵精粮足。吴国呢，却因连年用兵北方，精锐都丧失了，只剩些老弱残兵。越王看时机已到，便出兵报仇，吴军连战连败，不能抵御。越军长驱直入，把吴王夫差围困在姑苏山上。夫差派人去求和，勾践不忍，也想允许了，范蠡忙阻止道："会稽之役，天把越国赐给吴国，唯其吴国不取，大王才有今天。现在天又把吴国赐给越国了，大王怎可逆天行事，留将来的祸根呢？"

夫差见勾践不许求和，只得自刎而死，临死时吩咐左右，在自己面上遮上一块布，说道："我没有面目去见伍子胥啊！"

勾践把夫差葬了，又杀了不忠的太宰伯嚭，于是就把吴国灭掉了。

【注释】

① 越国：国名，夏朝少康的后代。春秋时候，灭了吴国之后，占有现今江苏、浙江及山东的一部分地盘。
② 勾践：人名，春秋时越国的国王。
③ 槜（zuì）李：地名，在今浙江嘉兴市。
④ 袒：裸露叫袒。
⑤ 姑苏：山名，在今江苏苏州市西南。
⑥ 将（jiàng）指：是脚的大趾。
⑦ 夫差（chāi）：人名，春秋吴国的国王，阖庐的儿子。
⑧ 伯嚭（pǐ）：人名，春秋楚国伯州犁的孙子，奔亡到吴国，夫差叫他做太宰。
⑨ 夫椒：山名，在今江苏太湖中。
⑩ 会稽：山名，在今浙江绍兴市。
⑪ 范蠡（lí）：人名，春秋楚国三户地方的人，字少伯，

和文种同事勾践。

⑫ 文种：人名，春秋越国的大夫，字会。楚国人。

⑬ 羿（yì）：人名，有穷的君主。

⑭ 相：人名，夏后仲康的儿子，后来嗣立为天子，为羿所篡。

⑮ 寒浞（zhuó）：人名，事寒后伯明氏，伯明憎恶他善谗，赶走了他。后来羿篡夏政，却很信任他，叫他做宰相。

⑯ 斟（zhēn）灌：古国名，今山东寿光市东北，有斟灌城。

⑰ 斟寻：古国名，今山东潍坊市东，有斟亭。

⑱ 有过氏：姓。过，国名，夏诸侯，后就因以为氏。

⑲ 缗：音 mín。

⑳ 有仍：古国名，在今山东济宁市。

㉑ 少康：人名，夏朝中兴的君主。

㉒ 牧正：官名，掌管养禽兽的事情。

㉓ 有虞：今山西永济市。

㉔ 一成：方十里为一成。

㉕ 一旅：五百人为一旅。

㉖ 属（zhǔ）镂剑：一种剑的名称。

伍尚殉父难

【故事】

楚平王①派费无忌②到秦国去,替太子建③迎娶媳妇。那秦国的女儿——太子建的未婚妻,是一个容貌非常好的女子。在秦女已动身而没有到楚国的时候,无忌先回来,对平王说道:"秦女的容貌,长得实在不错,大王可以留下来做自己的妻子,另外再替太子找一个。"平王竟依了无忌的话,将儿子的未婚妻作为自己的妻子,替太子另外娶一个媳妇。

这时太子建年方十五岁,伍奢④做太子的太傅⑤,无忌做太子的少傅⑥。无忌因为不得宠于太子,常在平王面前,说太子的坏话。那时加以太子的母亲,是蔡国⑦的女儿,平王不宠爱她,所以平王越加疏远太子建了。后来便叫太子建离开京城,远驻城父⑧,去防守边界。

太子建既远驻边界，无忌又日夜在平王面前诬陷太子，说道："自从我迎秦女回楚，大王自留为妻之后，太子非常怀恨，说不定他对大王有什么野心，请大王要留意防着才是！而且听说太子在城父地方，一面私自练兵，一面联络各国的诸侯，恐怕不久就要作乱，打进京城来了。"平王信以为真，心想这都是先生教得不好，便召太傅伍奢上朝，大大地责备一番。伍奢知道这是无忌诬陷的结果，便申说道："大王怎么可以听了小人的谗言，疏远自己的亲骨肉呢？"无忌忙在旁插嘴道："现在不趁早制止他们，大王，将来你要后悔的啊！"

于是平王就把伍奢拘禁起来，一面派司马奋扬到城父去，召太子建进京，想要杀死他。太子建得了消息，出奔宋国⑨。同时无忌又献计道："伍奢还有两个儿子——伍尚⑩和伍员，若是不将他们一起杀了，将来必定为楚国的后患！大王可以强迫伍奢写封信，派人拿了去，骗他们说：'如果你们来，便赦免你们父亲的死罪。'他们一定会中计，来自投罗网的。"

于是平王先从监狱里提出伍奢来，对他说道："你如果能写封信给你的两个儿子，将他们叫来，那你就可以活；不写，那就立刻要你死！"伍奢答道："信是可以写的。不过，就是我有信去，也只有大儿子会来，小儿子决不会来。"平王问道："什么缘故呢？"伍奢说道："我的大儿子伍尚，为人很孝，很仁慈，并且很有骨气，肯死节，他一听到能够赦我的罪，必到无疑。小儿子伍员呢，他却不然，他勇而好事，智而善谋，知道来了还是不免一死，所以一定不会来。然而将来楚国所可忧虑的人，必定是这孩子！"

得了伍奢的亲笔信，平王便派使者送去，对他们两兄弟说道："你们来，我就赦免你们父亲的死罪。"使者先见了伍尚，传了平王的话。伍尚进去，和伍员商量道："既然说父亲可以免死，要是我们没有人去，是不孝；父亲冤枉死了，要是我们没有人报仇，是无谋。我看，你的才干胜我十倍，报仇的事只有你能够做，你快点走吧！我去和父亲一同死！"兄弟俩商量妥当，伍尚先出来，对使者说道："我跟你去。"随后，伍员张弓搭箭，走出来见使者，恨恨说道："我父亲有什么罪？还要叫我们两兄弟去做什么？"说罢，就要射那使者，使者连忙逃避。伍员趁这时候，就脱身逃亡到吴国去了。

伍奢听到伍员出奔吴国，便说道："他逃走了，楚国危险啊！"平王可不管，竟把伍奢和伍尚杀死。

【注释】

① 楚平王：春秋楚共王第五个儿子，名叫弃疾，即位后，改名为熊居。

② 费无忌：人名，春秋楚国的大夫。

③ 太子建：春秋楚平王的大儿子，蔡女所生。

④ 伍奢：人名，春秋楚国伍举的儿子。

⑤ 太傅：是辅佐太子的官。

⑥ 少傅：官名，也是辅佐太子的官之一。

⑦ 蔡国：春秋国名，今河南汝南、上蔡、新蔡等地。

⑧ 城父：地名，春秋楚国的土地，就是汉朝的城父县，故城在今河南宝丰县。

⑨ 宋国：国名，在今河南商丘市。

⑩ 伍尚：人名，春秋楚国伍奢的长子。

爱才不记仇的齐桓公

【故事】

齐襄公①淫乱无道，诛杀无辜，欺辱大臣。他的兄弟们，恐怕不测的横祸，就要加到他们身上来了，所以公子纠②便逃亡到鲁国③——因为公子纠的母亲，是鲁国娶来的——有管仲④、召忽⑤两人随从辅佐；公子小白⑥，逃亡到莒⑦——因为公子小白的母亲，是卫国⑧娶来的，莒也是卫国的属土——有鲍叔牙⑨随从辅佐。

小白从小就和高傒⑩交好，后来齐襄公被他的兄弟公子无知⑪杀死，无知自立为齐君。因为他和雍林地方的人有仇，又被雍林人杀死，一时齐国没有了君主，国政无人主持，于是群臣大家商议，要选立一个贤明的公子，来做齐国的君主。

高傒便暗地先派人到莒去，通知小白，叫小白赶紧回国。同时鲁庄公⑫也得到无知被雍林人杀死的消息,也派了兵马,护送公子纠回国;一面又使管仲领了一支兵马,在自莒至齐的要道上,拦阻小白回齐国去。

管仲恰巧在路中遇见卫国护送的兵士,簇拥着小白所乘的车辆而来。管仲便张弓搭箭,向小白射去,射中了小白衣带上的钩环。小白一时情急智生,假装中箭而死的样子,倒在车中。管仲以为小白真的被他射死了,非常高兴,立刻派了人,飞报鲁军。

鲁国护送公子纠的兵马,得了管仲的报告,以为小白既死,齐君是公子纠做定的了,就非常大意,一路缓缓而行,因此延迟六天。等他们到达齐境,小白早已在六天之前,安然无恙地回国,高傒已经立他为齐国的君主了——这就是齐桓公。

原来桓公装死瞒过管仲之后,就乘了有遮蔽的车子,昼夜趱⑬行,赶回齐国,并且还有高傒在国内接应,所以一点儿不费事,入齐即位。

桓公既然即了位,立刻发兵去拦阻公子纠回国,就和鲁军在干时⑭开战。鲁军打败逃走,齐军掩杀上去,先将鲁军的归路截断,然后齐桓公

写了一封信,对鲁国说道:

"公子纠是我的兄弟,不忍亲自杀他,请你们将他杀了;召忽和管仲,是我的仇人,请你们快快将他们交出来,我要剁为肉酱,以泄我的愤恨!要是不依我的话,那我就要发大兵来围攻鲁国了!"

齐强鲁弱,鲁国接到桓公的信,非常害怕,只得把公子纠在笙渎⑮这个地方杀了;召忽见事败主亡,自刎而死;唯有管仲,却自愿做囚犯,请鲁人将他解到齐桓公那里去。

当初,齐桓公发兵攻击鲁军的时候,因为一箭之恨,心中满想把管仲活擒了来,亲手杀死他。鲍叔牙知道他的意思,便对他说道:"我运气真好,能够随从主公,主公现在终于做齐国的君主了。不过,我的力量有限,对于主公,不能再有什么贡献了。主公要是只想治好一个齐国,那高傒和我二人的才力,也勉强够了;要是想图霸王之业,那却非管仲做辅佐不可。管仲所在的国家,自然而然,那国家的地位就重要起来。这个人才,是万万不可以失去的。"

齐桓公就依从鲍叔牙的话，允许赦了管仲的罪，要重用他。可是一面仍旧佯作要把管仲捉到齐国来，把他杀了才甘心的样子，免得鲁国起疑，留住管仲。管仲也知道其中的用意，所以情愿坐着囚笼，由鲁人押到齐国去。到了齐鲁交界的地方，鲍叔牙亲自来迎，鲁国押解的人员，便把管仲交给他。到了堂阜⑯地方，鲍叔牙就把管仲的枷镣解除。管仲斋戒沐浴，换了很清洁的衣冠，去见齐桓公，齐桓公就拜他做大夫，并且委任他管理国政。

后来齐桓公九合诸侯⑰，一匡天下⑱，执诸侯之牛耳⑲，成了春秋五霸⑳的第一个人，都是管仲辅助的功劳。

【注释】

① 齐襄公：春秋时齐庄公的孙子，名叫诸儿。
② 公子纠：春秋时候齐襄公的兄弟。
③ 鲁国：国名，山东曲阜一带，都是古鲁地。
④ 管仲：颍上人，名叫夷吾。
⑤ 召忽：齐国的大夫，傅公子纠。公子纠败，自刎而死。

⑥ 公子小白：就是齐桓公，也是襄公的兄弟。

⑦ 莒（jǔ）：春秋时候的国名，就是现在山东的莒县。

⑧ 卫国：春秋时候的国名，在今河北和河南之间。

⑨ 鲍叔牙：春秋时齐国的大夫。

⑩ 高傒（xī）：春秋时齐国的卿相，一名敬仲。

⑪ 公子无知：齐襄公的兄弟，弑襄公，自立为齐君，后为雍林人所杀。

⑫ 鲁庄公：春秋鲁桓公的儿子，名同。

⑬ 趱（zǎn）：赶路叫作趱路。

⑭ 干时：春秋齐地名，在今山东博兴县。

⑮ 笙渎（dú）：春秋地名，在今山东菏泽市北。

⑯ 堂阜（fù）：春秋齐地名，在今山东蒙阴县西北。

⑰ 九合诸侯：九次会合天下的诸侯。

⑱ 一匡（kuāng）天下：周室衰弱，天下的诸侯都不尊重当时的王室，那时齐桓公出来纠正，提倡尊重王室。

⑲ 执诸侯之牛耳：古时歃血为盟，割牛耳取血，盛在铜盘里，都由主盟的人执行。

⑳ 春秋五霸：就是齐桓、宋襄、晋文、秦穆、楚庄。

卫宫之乱

【故事】

卫庄公①的夫人,是齐国的女儿,她是一个容貌秀丽的好女子。可是结婚多年,却不曾生养过一个儿女。因此庄公再娶陈国②的女儿,做第二个夫人。这第二个夫人,不久虽是生下一个儿子,但没有几个月,就夭殇③了。

庄公第二个夫人的妹妹,陪嫁来的,也为庄公所幸爱,后来生了一个儿子,名字叫作完④。完的母亲,随后就因病死了,庄公便命大夫人把完认作自己的儿子,立作正式的太子。

庄公又有一个得宠的姬妾,也生了一个儿子,名叫州吁⑤。州吁到了长大的时候,性情凶恶,喜欢弄兵。庄公见他喜欢弄兵,便叫他做卫国掌兵权的将官。

那时卫国有个贤臣石碏⑥,谏庄公道:"庶

子⑦喜欢弄兵,加之他是个残暴成性的人,主公不去阻止他,反叫他做掌兵权的将官,恐怕卫国之乱,将从此而起了!"庄公却不听信。

庄公死后,太子完立为君主,号为桓公。州吁自从父亲死后,愈加骄横不法,任意妄为。桓公便革去他的官职,并且还要责罚他,州吁于是逃出卫国。

郑伯⑧的兄弟段⑨攻击他的哥哥,打败了,也从本国逃出,并且请求和州吁结为患难朋友。

州吁渐渐收聚卫国逃出来的亡命之徒,出其不意,袭击桓公,把桓公杀了,自立为卫君。他要替郑伯的兄弟段去伐郑国,并且邀请宋⑩、陈、蔡⑪三国,一齐出兵去伐郑国,这三国也都允许了州吁的邀请。

州吁新立为君,便挑衅寻事,要和别国开战,况且他是杀兄弑(shì)君的人,所以卫国的民众,都不爱戴他。石碏在这时候,便到桓公母亲的娘家陈国,佯作替州吁催陈国出兵去打郑国。

等到州吁带兵到了郑国郊野的时候,石碏便

和陈侯共同暗算州吁,让右宰⑫丑以进食为名,趁机把州吁在濮⑬地杀死;一面又派人到邢⑭这个地方,把桓公的兄弟晋⑮,迎接回来做卫国君主,号为宣公。

宣公即位之后,非常宠爱夷姜⑯。夷姜生有一个儿子,名字叫作伋,宣公就立伋做了太子,并且叫右公子⑰辅助他。

太子伋聘定齐国的女儿为妻。右公子为太子去迎娶,将齐女接到卫国,还没有和太子结婚。宣公一见她的相貌好,非常爱悦,便自己要了,替太子伋再在别处娶一个妻子。

宣公自从得了齐女之后,又生了两个儿子,大的叫子寿,小的叫子朔⑱,叫左公子⑲辅助他们两兄弟。

自从宣公夺了太子伋的妻子之后,太子伋的母亲接着就死了。宣公的正夫人和子朔,非常憎恶太子伋,常在宣公面前说他坏话。宣公夺了儿子的妻子,在名义和礼节上,终有点说不过去,因此也很厌恶太子伋,想废了他。现在听见正夫人和子朔的坏话,越发恼怒,更存了一个要杀他之心。于是佯遣太子伋出使齐国,同时派了凶恶的刺客赶上去,要他在卫国边界的地方,截住太子伋的去路,把他杀死。

当太子伋临行的时候,宣公特地给了他一面白旗,一面吩咐刺客:"你看见拿白旗的人,就不问是谁,把他杀死。"

太子伋临行的时候,子朔的亲哥哥子寿——他虽是个和太子伋同父异母的兄弟,却和太子伋非常友善——得到父亲要杀太子伋的消息,立刻来对太子伋说道:"边界上有刺客等着,见你拿着白旗,就要杀死你呢!我看,你还是不要去吧!"太子伋答道:"违逆父命,那是不行的。"子寿见太子,不听他的劝阻,就把白旗偷来,自己先走一步,要去替哥哥死。

子寿拿了白旗,来到边界上,刺客以为是太子,便把他杀死。不多时,太子伋又赶到了,对刺客说道:"太子伋是我。你应当杀的人,不是他,是我。"那刺客便又把太子伋杀死,回来报告宣公。宣公于是就立子朔为太子。

【注释】

① 卫庄公：春秋卫君，是武公的儿子，名扬。

② 陈国：周初的时候，封舜的后代胡公于陈，到了春秋之季，被楚国灭了。今河南开封以东，南至安徽亳州，都是当时陈国的土地。

③ 夭殇（yāo shāng）：未成年的人，在童年时就死了，谓之夭殇。

④ 完：人名，春秋卫庄公的儿子，后立为桓公。

⑤ 州吁：春秋卫庄公的庶子，后弑桓公自立。

⑥ 石碏（què）：人名，春秋时候卫国的贤大夫。

⑦ 庶子：妾所生的儿子，谓之庶子。此处就是指州吁。

⑧ 郑伯：春秋郑武公的儿子，名字叫作寤生。后立为郑君，谥庄公。

⑨ 段：人名，郑庄公的兄弟，名叫共叔段。

⑩ 宋：国名，周武王封微子于宋。在今河南商丘市。春秋时候，是十二诸侯之一。到了战国时候，为齐国所灭。

⑪ 蔡：见前《伍尚殉父难》注第七。

⑫ 右宰：卫官名。

⑬ 濮：地名，在今河南境。

⑭ 邢：地名，即今河南温县平皋故城。

⑮ 晋：人名，春秋卫桓公的兄弟。桓公被弑，卫国人立他为君，号宣公。

⑯ 夷姜：人名，本是卫宣公的庶母。
⑰ 右公子：右媵所生的儿子，谓之右公子。
⑱ 子朔：人名，卫宣公的儿子，后立为卫君，谥惠公。
⑲ 左公子：左媵所生的儿子，谓之左公子。

一飞冲天，一鸣惊人

【故事】

楚庄王①即位之后，一直过了三年，没有出过一个命令，也没有做过一件有利于民的事情。国家的一切政治，他一点儿也不管，不闻不问地置之度外，只知道日夜作乐，沉湎在酒色之中。

他虽被酒色所迷惑，却也知道国内有些忠臣贤相，一定对于自己的行为看不过去。他恐怕那班不知趣的忠臣贤相们，要来唠唠叨叨劝告他，扫他的兴，他便先发制人，下了一个很严厉的命令，警告他们说道："要是谁有天大的胆子，敢来唠唠叨叨劝谏我，我一定要砍他的脑袋，决不宽赦！"

此令一出，楚国②许多怕死的大臣，果然个个都吓得闭口封喉，声息全无地缄默着，凭他们的国王翻天覆地地胡闹，谁也不敢说一句话。但是,"忠臣不怕死,怕死不忠臣"。在那封建时代,自然有那种以君为天的不怕死的忠臣,冒了生命的危险,用了种种方法,将他们昏迷无道的国君,化成一个有道的明君。

有一天,楚庄王在宫内饮酒作乐,左手抱着一个郑国③娶来的姬妾,右手抱着一个越国献来的美女,坐在钟鼓的中间,正在兴高采烈的当儿,忽然有个臣子,名叫伍举④,来见楚庄王,说道:"我有个谜儿,要请大王猜一猜。"庄王问道:"怎样的谜儿?"伍举道:"有一只羽毛丰美、肢体雄伟的大鸟,歇在一个高高的阜⑤上,已经有三年了。可是说也奇怪,它竟三年不飞,三年不鸣,只是敛着翅膀,闭着歌喉,歇在那里。大王可知道,这是什么鸟?"庄王答道:"这鸟儿,不飞,倒不见得什么,一飞,却便要冲上天去;不鸣,也不见得什么,一鸣,却便要惊动万人。伍举,你退出去吧!你的意思,我已经懂得了。"

楚庄王虽然懂得伍举的意思是将大鸟比自己,暗中讽劝他,要他干一番轰轰烈烈的大事业,别无声无臭地埋没了，可是依旧沉湎酒色，并且比以前更荒淫无度，昼夜不辍地作乐。

于是又有一个不怕死的忠臣，名叫苏从⑥，进宫来见庄王，说了许多劝谏的话。庄王毫不理会，只板着面孔问道："你没有听见我的命令吗？"苏从道："我知道的。不过，杀了我，可以使大王变成有道的明君，我也情愿的！"

楚庄王竟不杀苏从，却从此振作，摒绝一切荒淫的事情，出朝听政。他本是一个英明的人，所以一到了振作有为的时候，便赏罚分明，诛杀奸佞的臣子，有几百人之多；进用贤良的臣子，也有几百人之多；并且信任伍举、苏从两人，叫他们协理国政。后来竟威震一时，成为五霸之一。

【注释】

① 楚庄王：春秋楚穆王的儿子，名旅，是春秋五霸之一。
② 楚国：国名，在今湖北秭归县。春秋战国的时候，有两湖、两江、浙江和河南的南部等地盘。
③ 郑国：国名，在今陕西华县境，后迁到新郑。自河南开封以西，到成皋故关，都是当时郑国的地盘。

④ 伍举:人名,春秋楚国的大夫。

⑤ 阜(fù):就是土堆。

⑥ 苏从:人名,春秋楚国的大夫。

男子也偏爱小儿子吗

【故事】

赵国①的惠文王②死了,太子丹立为国王,就是孝成王。孝成王初即位的第一年,秦国就出兵攻赵,占据了赵国的三个城池。那时因为赵王新立,并且年轻识浅,所以由太后③摄行政事。

秦兵攻赵,一天比一天紧急,赵国眼看抵挡不住了,只得派人到齐国去求救。可是,齐国却提出一个条件:要赵太后把心爱的小儿子长安君④,送到齐国为质⑤,才肯出兵来救助赵国。

赵国在这危急存亡的当头,别的条件,太后都可以答应依从。唯有长安君,是她日夕不离的心肝宝贝,怎舍得远远地将他送到齐国去,做抵押品呢?这个条件,她万万不肯依从。

秦军的攻击,越发紧急了,太后既然不肯把长安君送到齐国,齐国当然不肯发兵来救,那时的赵国,真是危在旦夕。当时赵国的文武大臣,个个都很恳切地请求太后,没奈何暂时把长安君送到齐国去,太后却仍旧固执异常,对于他们的请求,一概拒绝。后来太后被在朝的臣子,纠缠聒噪(guō zào)得不耐烦起来,她索性干脆地对大家说道:"哪个若再谈起送长安君到齐国去的话,老妇要当面唾骂他了!"

群臣见太后发了怒,果然没有人再敢提起这话来强求她了。但是长安君不去,齐国的救兵不来;齐国的救兵不来,秦军的攻击便一步逼紧一步。当时满朝文武大臣,个个都束手无策,眼看着赵国要被秦军灭亡了。还好,还好,救星来了:那救星,名叫触龙,官为左师,是个年老的人。他到了宫门口,说有话要见太后说。管门的人进去通报了,太后便传他进去,一面现出盛怒的脸色等着。

古人见尊长,须得放快脚步,叫作"趋"。但是老年人行走不便,触龙虽然做出趋的姿势,竭力放快脚步,实际还是很慢,好容易才上了殿,坐下了,然后开口告罪道:"老臣的脚有点儿毛病,所以走不快,要请太后原谅。老臣没有看见太后,已经多时了,我时常惦念着,恐怕太后的身体,有什么不舒适,所以很想来看看太后!"太后答道:"多谢你。年纪老了,到底不中用了。我这一向身体也不大好,行动全要靠轿子了。"触龙问道:"胃口好吗?"太后答道:"也不大好,全靠吃点儿粥。"触龙又说道:"老臣有一阵儿,胃口也不好,不想吃东西,我便每天勉强走三四里路,食量倒增加了点儿,而且吃起东西来,也觉得有味道了点儿。每天这样运动,对于身体是很有益的!"太后带着羡慕的口气说道:"可惜我做不到了!"这时候,太后的脸色,已经好看了些,不像初见面时的怒气勃勃了。触龙接着又说道:"老臣的儿子舒祺,他排行最小,又不能干,我自己的年纪,又这般衰老,恐怕不能管到他成人。但他是我最爱怜的一个儿子,不能不替他找一个出路,所以我很想叫他来在黑衣队⑥里,凑凑人数,护卫护卫王宫,使他聊可过活这一生!这事务请太后帮帮忙。"太后说道:"可以的!他今年几岁了?"答道:"十五岁。虽然年纪似乎太小一点儿,还没有到出来服务的时候,我却极希望在我自己没有死以前,使他得到一个栖身立足之地。"

太后听到这里,如有所悟地问道:"你们大丈夫,难道也偏爱小儿子吗?"触龙道:"比妇人们还偏爱得厉害!"太后辩道:"哪里!偏爱小儿子,总是妇人比男子更厉害!"触龙道:"老臣却以为不然,就拿太后来说。我以为太后爱燕后,却比爱长安君还厉害!"太后道:"你错了,我爱燕后⑦,哪有长安君这般深切?"触龙又道:"父母因为爱子女,往往替他们虑深计远:太后送燕后出嫁的时候,你捧着她的脚大哭着,疼她远嫁出去,那时哭得真悲伤极了!她已经嫁过去了,你又常常想念她!到了祭祀的时候,你又一定如此地替她祈祷道:'希望她不要回来!'⑧这岂不是替她打算久远之计,希望她的子孙,世世代代继续下去做燕国的国君吗?"太后答道:"是的!"触龙问道:"离今三世以前,一直到现在,历代赵王的子孙,列土封侯的,他们的后嗣,如今还有存在的吗?"太后答道:"没有。"触龙又问道:"不独赵国这样,各国诸侯的子孙,当初列士封侯的,现在还有存在的吗?"太后答道:"我也没有听见过。"触龙道:"近的,自身亲受其祸;远的,祸害留给子孙。难道君王的子孙,个个都不是好人吗?不是,不是,这只因他们没有一点儿功绩,却忝(tiǎn)居高位;没有出过一点儿劳力,却受丰厚的奉养;并且据有许多珍贵宝物的缘故。如今太后叫长安君居高位,封给他膏腴之地,又给他许多珍贵的宝物,但是为什么不叫他早点为赵国立点儿功劳呢?一旦太后百年之后,长安君失了你的庇护,叫他在赵国怎样自立?太后替长安君打算得太短近,没有像替燕后那样打算得久远,所以我说你爱长安君,不如燕后。"太后说道:"不错!依你的意思做吧!"

于是太后便备了车马一百乘,把长安君送到齐国,齐国便出兵救赵国了。

【注释】

① 赵国:战国七雄之一,占有今河北省南部和山西省北部的地方。
② 惠文王:战国赵君,名何,是武灵王的儿子。

③ 太后：就是赵威后，是惠文王的妻。

④ 长安君：是赵威后的小儿子，孝成王的同母弟，封在饶这个地方，长安是他的封号。

⑤ 质：将亲近的人，抵押在别国以取信，叫作质。

⑥ 黑衣队：是赵王的卫队，一律都穿黑衣，所以叫作黑衣队。

⑦ 燕后：是赵威后的女儿，出嫁燕国的。

⑧ 希望她不要回来：古时诸侯的女儿，嫁到别国去，国亡了，或者丈夫死了，便要回到娘家来。

孟尝君的故事

【故事】

你们知道战国^①四公子^②吗？

齐国的孟尝君、赵国的平原君、魏国的信陵君和楚国的春申君，这四个人，叫作"战国四公子"，他们都有很好的故事。

让我先讲孟尝君的故事：

孟尝君，姓田，名文，是齐国的公族^③。

他的父亲叫作田婴^④。田婴做了十多年的齐国宰相，很有功劳。齐湣王^⑤便把有一万户人家的一个大地方，叫作薛^⑥的，封给田婴，称为薛公^⑦。

那个时候是封建时代。一个男子，娶了许多女子做妻做妾，这种没道理的事情，在那个时候是很通行的。田婴既然做了齐国的宰相，他的妻妾，当然也是很多的了。因为他的妻妾很多，所以他的儿子也很多。你们猜猜看：他有多少儿子？原来，说也不相信，他有四十多个儿子。有四十多个儿子的爸爸，现在恐怕找遍天下，也找不到了吧！

孟尝君便是这四十多个儿子当中的一个。

※　　　　※　　　　※　　　　※

一个人生了四十多个儿子，已经是奇谈异闻了，但是，还有更可笑的事情呢，我慢慢告诉你们。原来，那个时候，有一种迷信，以为五月（旧历的五月）是个恶月⑧，是个不吉利的月份——这个迷信，到现在还留着痕迹。在上海地方，要是你家是租屋子住的，那五月里你去退租，房东一定不答应。那就因为五月是个恶月，在五月里，大家都少举动，大家都不搬家的缘故——凡是五月里生的儿子，都是不好的。尤其凶的，是五月五日（就是端午日）。据说，在这一天生的小孩子，要是男的呢，一定要克父亲；女的呢，一定要克母亲⑨。

哪知孟尝君偏偏挑了这五月五日，生下地来，触犯了当时的忌讳。田婴知道了，便吩咐孟尝君的生身母亲道："不许给他洗浴吃奶，快把他扔了！"

但是，天下的母亲，有谁肯把自己亲生的儿子扔了呢？孟尝君的母亲，只得瞒了田婴，私下把儿子抚养着。可是，她既不是田婴的正妻，田婴又不大宠爱她，所以虽然她的儿子一年比一年长大，她只是自己一个人秘密带着，总不让儿子给丈夫看见。一直等到孟尝君成人之后，她才带他去见父亲的面。

田婴看见这个不祥的儿子，还是活着，并且长得这么大了，便大为震怒，骂她道："我吩咐你扔了他，你怎么不听我的话，胆敢瞒住我，将他养大？"

孟尝君见父亲发怒，便在地下顿首⑩说道："爸爸，五月里生的子女，为什么应该扔了呢？"

田婴答道："向来有这句话：五月里生的子女，要是不扔了，抚养长大，那么，他高到同门户齐的时候，便一定要克他的父母了。你看，你的身材，不是已经同这门户一般高了吗？我的老命快不保了，这怎么办？"

孟尝君很聪明，当即答道："爸爸放心，这有什么要紧？只要把门户放高好了。普通的人，身长六尺。你把门户放到一丈二尺高，谁还能高到同门户一样齐呢？"

田婴没话说了，只得挥挥手叫他退出，喝道："算了，出去吧！"

　　※　　　　※　　　　※　　　　※

田婴的儿子既然很多，孟尝君又不是嫡子（就是正妻生的儿子），是庶子（就是妾生的儿子），所以他和父亲接触的机会极少。有一次，他好容易得到一个机会，再见他父亲的面。

他便装作不懂的样子，问田婴道："爸爸，请你告诉我，儿子的儿子叫什么？"

田婴答道："孙子。"

"孙子的孙子叫什么？"

"玄孙。"

"玄孙的孙子叫什么呢？"

田婴被他儿子问住了，期期地答道："这个，我倒不知道叫什么。"

孟尝君便捉住这句话，接下去劝他的父亲道："爸爸，你做齐国的宰相，经过威王[⑪]、宣王[⑫]、湣王三朝,到现在已经十多年了。这十多年当中,并不看见齐国的国势加强起来,国土加大起来,却只看见你个人的家产,倒一天一天多起来。我家既然有了千万的家产,应该可以收罗人才,替公家出力了,可是看看我家的门下,又没有一个人才。常言道:'将门有将,相门有相。'我家不是相门吗?试问我家的门下,可有宰相之才?现在我家的太太们,绫罗绸缎穿不完,用来铺在地上垫脚;门下的士,却都穷到只穿短衣。我家的仆役们,膏粱肥肉吃不完;门下的士,却都穷到连糟糠⑬都吃不饱。这样,只顾自己一家的人受用,不知道为公家收罗人才,恐怕不妥当吧?并且,爸爸现在还在拼命地弄钱,弄这许多钱来给谁呢?一传两传,你弄的这笔钱,这笔遗产,不是要传给连你自己都不知道叫什么的人吗?为了连自己都不知道叫什么的人,拼命弄钱,因而忘记了公家的事情,我总以为不值得,不应该!"

  这一番话,真说得有道理,有见识,从此田婴非常看重这个不祥的儿子,叫他主持家政,招待宾客。

自从孟尝君主持家政之后，因为他能够礼贤下士⑭，门下的宾客，一天比一天多；他的名声，也一天比一天大，连各国诸侯都晓得他了。本来，在封建时代，太子⑮是应该立嫡长子⑯的。孟尝君是庶子，照礼法不能立为太子。可是各国诸侯都派人来，请薛公田婴立他为太子，田婴允许了。所以田婴死了之后，他继承了父亲的爵位和封地。

　　　※　　　　　※　　　　　※　　　　　※

孟尝君继承父业之后，就在薛这个地方，大大地招揽宾客，各国诸侯的宾客，以及有罪逃亡的人，好像众星拱辰⑰、百川归海⑱一般，今天一批，明天一队，后天又一群，陆陆续续都跑到他门下来。他呢，又是仗义疏财⑲，慷慨成性，宁可拼了家产不要，把所有的钱都用来养士，非常优待这些宾客。所以，当时天下的士，差不多都在他的门下了。

你们猜，孟尝君怎样招待宾客呢？来了一个宾客，他就亲自出来接见，在大厅之上，很谦逊地让了座，很殷勤地进了茶点，很亲热地同客人谈天，问客人家住哪里，家中有多少亲属。同时,在屏风后面,常有一个书记坐着,把客人回答的话,一一记下来。等到客人告辞出门,回到自己家里的时候,孟尝君已经派人到他家里去问候过——有父母的,便请他父母的安;有子女的,便问他子女的好——并且已经有许多礼物——有父母的,便送老年人用的东西;有子女的,便送孩子们喜欢的东西——送到他家里了。

  他门下的食客——就是在他门下吃饭的宾客,就是他供养着的士——常常总有几千人。并且这几千人,一律平等待遇,没有贵贱的分别。所有宾客的衣、食、住,一切享用,一概同他自己一样——这就是说:孟尝君自己穿什么衣服,所有的宾客也都穿什么衣服;孟尝君自己吃什么饭菜,所有的宾客也都吃什么饭菜;孟尝君自己住怎样的屋子,所有的宾客也都住怎样的屋子。

  有一天晚上,孟尝君陪着这几千宾客,在一个很大很大的膳厅[20]里,一同吃夜饭。内中有一个宾客,背着灯光坐,他看看自己碗里的饭,似乎黑一点儿,粗糙一点儿,没有别人的白,没有别人的光洁——猜猜看,这是什么缘故——他就错怪了,以为吃的饭不一样,孟尝君待他不平等。生了气,放下碗筷,站起身来,离开座位,向孟尝君告辞。

孟尝君也站起身来,问明缘由,便捧了自己的饭碗,走到那个客人的面前,把自己的饭和那个客人的一比,原来是一样的饭,一样的白,一样的光洁,并没有好坏的分别——猜猜看,这又是什么缘故——那个客人自己惭愧得很,就拔出剑来,当场自杀了。

孟尝君这样地礼贤下士,士哪有不归向他的呢?并且,他真能对付人,几千宾客,他个个接触到,应酬到,一点儿不分轻重,一样地优待,所以门下的几千宾客,个个人都以为孟尝君是特别待自己好,特别亲近自己的。

※　　　※　　　※　　　※

孟尝君的名声,越来越大了,秦昭王[21]屡次听人说起,齐国的孟尝君怎么怎么好,也渴慕得不得了,很想见他一面。于是先将自己同母的兄弟[22]泾阳君[23]送到齐国作质[24],请孟尝君也到秦国去。

孟尝君见秦王如此诚意,要动身到秦国去了。门下的几千宾客,都怕秦王不怀好意,用计诓(kuāng)他去,所以没有一个人不阻止他的。可是无论他们说的话怎样恳切,孟尝君就是不听,决意要去。于是最后一个最会说话的辩士,名叫苏代㉕的,就来劝阻他了。

苏代并不直说阻止的话,只用一个譬喻,对孟尝君说道:"今天早上,不是下大雨吗?我那时从外面来,听见一个木头人和一个泥人在那里谈天。木头人对泥人说道:'老哥,下大雨了,像你这种身体,一着雨,那就不得了啦。'泥人答道:'老哥,请不必替我担心,我本来是泥土做的,着了雨,大不了,仍旧散成泥土,回到娘家,这有什么要紧呢?我看,还是你自己,倒要小心。你看,雨这么大,满地都是流水,恐怕你就要漂流到不知什么地方去,回不得娘家了!'秦,是虎狼之国㉖,谁都知道的,你可偏偏要到那虎狼之国去。你去了,万一不能回来,那不是要被那个泥人见笑了吗?"

孟尝君听了这一番话,才把到秦国去的意思

打消。

※　　　　※　　　　※　　　　※

可是，过了几年，齐湣王还是叫孟尝君出使秦国。秦昭王见孟尝君来了，就留住他，拜他做秦国的宰相。

秦国有一个臣子，暗地里对秦昭王说道："孟尝君，人虽然很能干，但到底是齐国人，是齐国的公族，他的心，总是偏向着齐国的。现在大王拜他做宰相，让他执掌秦国的大权，他办起事来，不必说，一定要先替齐国打算，后替秦国打算的，秦国恐怕危险吧！"

秦昭王一想不错，便免了孟尝君的职，并且把他拘留起来，并且要想杀死他。

孟尝君知道秦昭王有个爱姬㉗，她说的话，昭王没有不听的。便暗地里派人去见她，恳求她帮自己的忙。

这个爱姬说："听说孟尝君有一件狐白裘，价值千金。只要把这裘送我，我就设法放他回国。"——我们都知道，狐的毛色大多是黄的，就有白的，也都夹着杂色。一头狐，只腋下小小的一块毛,是纯白的。把狐腋的白毛,一小块一小块联缀起来,做成皮袍,就叫作狐白裘。做成一件狐白裘,不知要去了多少只狐的性命,费了多少天的人工。当时,只有孟尝君有这样的一件皮袍,天下再找不出第二件。

派去的人,回来报告了。可是那件天下无双的皮袍,当孟尝君初到秦国的时候,早已献给昭王了,哪里再去弄第二件呢?孟尝君真急得无法可施。

孟尝君到秦国去的时候,有许多食客,是跟他同去的。他便把这个难题同他们商量,问他们可有办法。可是向来很有主意,坐头几把交椅的食客,都哑口无言,想不出一个计策来。

那么,孟尝君不是绝望了吗?不,不。幸亏有一个食客,出来救了他的急。这个食客,本是一个小偷儿,因为他别无本领,只会狗盗——就是学着狗去偷东西,所以一向屈居末座[28]。但是,这时候,可用得着他了。他对孟尝君说道:"别着急,我能够把那件狐白裘取回来。"

到了晚上,他就装束得像一只狗,偷偷摸摸

地进了秦宫，寻着了贮藏东西的库房，果然把那件狐白裘偷出来了。孟尝君就把狐白裘献给那爱姬，那爱姬就劝秦昭王放孟尝君回国，秦昭王依了。

孟尝君领了出境的文书，不敢耽搁，带了跟他同来的一班人，立刻就动身，真是马不停蹄，急急向东而行。一路还怕秦王后悔，派人来追，把文书上的姓名也改换过了，以为这样，总可以出险了，哪知他前途还有阻碍。

原来，秦国的地方，古时叫作关中。因为它东面有函谷关㉙，南面有武关㉚，西面有散关㉛，北面有萧关㉜，四面都有关口，所以要逃出来真不容易。齐国是在秦国的东面，孟尝君一定要逃出函谷关，才算脱离虎口。

并且，战国七雄，只有秦国在西面，齐、楚、燕、韩、魏、赵六国都在东面。各国的奸细，要混进秦国去，都必须经过函谷关。所以函谷关是秦国最重要的关口，门禁非常森严：天晚人定，关门就紧闭，直到鸡鸣才开门。

孟尝君一行人马，在路上一点儿不敢停留，

急急忙忙，直向东奔，奔到函谷关下，已经是半夜了，关门早已紧紧闭住了。孟尝君只怕后面有人追来，鸡没有鸣，关门又不肯开，他同一班食客，拥在关内，真是束手无策，着急得很！

于是，又有一个食客，来救他的急了。这个食客，学鸡鸣学得很像，除此以外，别无本领，所以一向也屈居末座。但是，这时候，可也用得着他了。他当即应用他的口技，"喔喔喔""喔喔喔"地叫了几声。关内民家养着的鸡，听见了，便都"喔喔喔""喔喔喔"地响应起来，远远近近，只听得一片鸡鸣之声。守关的官吏，在睡梦中听见了，以为天快亮了，便起来开了关，验了文书，放孟尝君一批人出关。

不出孟尝君之所料，秦王果然后悔，果然派兵追来。可是追到函谷关下，已经迟了一步，孟尝君他们，已经出关去了。

当初，孟尝君收留这两个人做宾客的时候，门下的一般宾客，都以为倒霉，都怪孟尝君不该收留这种鸡鸣狗盗的下等人。哪知后来孟尝君在秦国逃难，倒是这两个鸡鸣狗盗的下等人救了他，保他逃出虎口,从此,他们越发佩服孟尝君有见识了。

※　　　※　　　※　　　※

孟尝君做了齐国的宰相,因为自己在齐国都城㉝里,不能分身,所以派一个姓魏的舍人㉞,去收自己封地薛邑的租税——那时人民完纳租税,是用谷子,不用钱的。

哪知这个姓魏的,去了三次,都是空手回来,没有一升一斗的谷子,缴给孟尝君。

孟尝君便问他:"收来的谷子哪里去了?"

姓魏的说:"半路遇着几个清贫的贤士,向我借谷子,我不好拒绝,都借给他们了,所以没有谷子缴进来。"

孟尝君因为他擅自作主,去做人情,不免有些生气,就把那姓魏的差使革掉了。

过了几年,忽然有人在齐湣王面前,诬陷孟尝君,说道:"大王,请你提防着点啊:孟尝君既然执掌了齐国的大权,并且他家里养着这许多亡命之徒,恐怕不怀好意,要作乱吧!"经这一说,湣王对于孟尝君,当然有点儿不放心。不多时,田甲作乱㉟，湣王很疑心孟尝君也有份儿的，孟尝君待不住，便出奔了。

曾经向那姓魏的借谷子的几个贤士，知道了这件事，便共同写好一封辩诉的书信，进朝来上给湣王，说："我们可以用我们的性命，保证孟尝君决不会作乱。"为要使他们的说话有力量，能够感动湣王，他们竟在宫门口自刎而死。

齐湣王被他们感动了，立刻派人去追寻孟尝君，请他回来，一问，果然没有他的份儿。但是，经过这一番风波，孟尝君也不愿意再做官，就告老回到薛邑去了。

※　　　※　　　※　　　※

孟尝君门下，还有一个奇怪的食客，名叫冯谖㊱。

冯谖家里，几乎穷得不能过活，听说孟尝君好客，就托他的朋友，代求孟尝君，请收留他做个食客。

孟尝君问道："这位客人，喜欢做的是什么事呢？"

他的朋友答道："他没有什么喜欢做的事情。"

"他有什么本领呢?"

"也没有什么本领。"

孟尝君笑了一笑,答应道:"噢,我知道了。"一面吩咐左右㊲,"冯谖来了,就收留他吧。"

那时,孟尝君门下的食客,实在太多了,有点供给不起,所以待遇已经分等级。讲到住,客舍㊳分三等:上客住代舍,中客住幸舍,下客住传舍。讲到食,厨房也分三等:上客食肉,中客食鱼,下客食菜。讲到行,也分两级:上客出门有车坐,中客、下客都没有。

冯谖得了那朋友的回音,就拖了一双麻鞋,带了一把宝剑,很高兴地投奔孟尝君门下。左右晓得这位客人,是孟尝君瞧不起的,就叫他住在传舍里,给他吃很坏的饭菜。

住了几天,冯谖靠着柱子,弹着剑把,唱道:"宝剑,宝剑,不如归去,吃饭没有鱼!"

左右听了,来告诉孟尝君;孟尝君吩咐道:"中客相待,给他吃鱼。"于是冯谖搬在幸舍里,有鱼吃了。

住了几天,冯谖又弹着剑把,唱道:"宝剑,宝剑,不如归去,出门没有车!"

左右听了,大家都笑他,再来告诉孟尝君。孟尝君又吩咐道:"上客相待,给他坐车。"于是冯谖搬在代舍里,出门的时候,便坐了车子,举起了他的宝剑,到他的朋友家里去,很得意地告诉他们道:"孟尝君对于我,已经上客相待了。"

可是,再住了几天,他又弹着剑把,唱道:"宝剑,宝剑,不如归去吧,没有法子养家!"

左右听了,大家都嫌他太贪心,太不知足。孟尝君知道了,便问左右道:"冯先生家里有人吗?"左右答道:"有一个年老的母亲。"孟尝君就派人供给她的食用,使她生活丰富,不致缺乏。于是,冯谖不再唱了。

那时孟尝君身为齐相,他的封地薛邑,虽然有万户人家,是个大邑,可是门下食客,有三千之多,每年薛邑租税的收入,毕竟不够供给。所以他派人借钱给薛邑的人民,收取利息,接济用度。因为年来薛邑的收入不好,借钱的人有许多不来付利息,再不去索取,客人食用的供给,就要断绝了。因此,孟尝君出了一个通告,问门下的许多客人:"谁懂得会计㊴,能够替我到薛邑去收债?"

冯谖首先把自己的姓名签了。

因为冯谖向来没有替孟尝君办过事,没有和孟尝君见过面,孟尝君已经忘了他了,所以看见"冯谖"两个字,很奇怪地说道:"咦!这是谁?"左右答道:"这就是唱'宝剑、宝剑,不如归去'的人啊。"

孟尝君记起前情,笑道:"啊!原来是他。他原来是有本领的。我很对不起他,到现在还没有请他来见过面。"便叫左右去请冯谖来,向他道歉道:"我给国家大事闹得头昏了,人又笨,记性又坏,以致开罪了先生,先生倒不生气,肯替我到薛邑去收债吗?"

冯谖答道:"是的,我很愿意去。"

备好了车马行李,带了账簿、借券,冯谖要动身了,问孟尝君道:"债收完了,买些什么东西回来呢?"

孟尝君说:"看我家里缺少的是什么,你就买什么回来好了。"

冯谖赶到薛邑，便派人召集那些应该还债的穷苦人民，叫他们都带了借券来核对。借券一户一户地核对完了，他就站起身来，假传孟尝君的命令，把这笔债送给人民，一概豁免，不要他们还，并且当场把一叠叠的借券，一把火烧了。人民欢喜极了，都拍手高呼："孟尝君万岁！""孟尝君万岁！"

事情已了，冯谖立刻动身回来，第二天一早，就赶回齐国京城里，到孟尝君府上求见。

孟尝君见他回来这么快，很觉奇怪，连忙穿了礼服，出来见他，问道："债收完了？来得这样快？先生，你到底能干！"

"是的，债收完了。"

"买了什么东西回来呢？"

"临走的时候，承你吩咐，尽家里缺少的东西买。我想：你家里，宫中堆积着珍宝，厩㊵中充满着狗马，一切东西，你家里都有。所缺少的，所没有的，就只是'义'，所以我别的一概不买，只买了'义'回来。"

孟尝君不懂，问道："买的是'义'吗？'义'

是什么东西？"

冯谖答道："我想，你现在，只有一个区区的薛邑，对于薛邑的人民，你可还不肯去抚慰他们，爱惜他们，当他们作子女看待，反而去盘剥他们的重利，这是很不对的。所以不瞒你说，我到了薛邑，就假传你的命令，把这笔债送给人民，一概豁免，不要他们还，并且当场把借券烧了，人民欢喜极了，都拍手高呼：'孟尝君万岁！孟尝君万岁！'这就是我替你买来的'义'。"

孟尝君听了，很不高兴，说道："唉，先生，罢了，罢了！"

上面说过，齐湣王对于孟尝君，本来不大放心。他见孟尝君的名声，比自己更大，心里总怕他专权，对于自己有妨碍。所以过了不多时，湣王又听信谗言，终于罢免孟尝君，不要他做齐国的宰相了。孟尝君只得离开齐国的都城，回到薛邑去。走到半路，离开薛邑，还差一百里光景，已经看见许多人民，扶着老的，挽着小的，守在路上欢迎他了。孟尝君便回转头去，看着冯谖道："先生，你从前替我买来的'义'，到今天才见到了。"

　　　※　　　　　※　　　　　※　　　　　※

回到薛邑之后,孟尝君倒很快活地过着日子,不觉得什么不满意,也没有什么深谋远虑。冯谖却又来出主意了,他对孟尝君说道:"兔子这种动物,是很狡猾的,它往往在田野当中,东面掘一个窟㊶,西面又掘一个窟,每一只兔子,至少总有三个窟,作为安身之处。你可知道:它为什么这样不怕麻烦呢?原来,兔子最怕猎人和猎狗,如果只有一个窟,那么,猎人带了猎狗,来打猎的时候,它不容易逃走。并且,它常常从一个地方进出,猎人和猎狗,自然容易知道它的窟在哪里,可以趁它睡着或者不防备的时候来捉它,实在是危险万分的。要是有了三个窟,那么,猎人和猎狗一来,它便可以溜来溜去,这边躲躲,那边躲躲,不容易被捉住。并且,它还可以今天住在这个窟里,明天住在那个窟里,后天又住在别一个窟里,猎人和猎狗,不容易发现它的住处,不能出其不意来捉它。就是睡觉,它也可以安心睡着,不必在梦里提心吊胆了。——动物尚且有这点儿聪明，人难道可以没有吗？现在，你只有一个薛邑作安身之处，好比兔子，只有一个窟，实在还很危险，还不能安心过舒服的日子，就是夜里，也还不能高枕而卧，睡舒服的觉呢！"

孟尝君说："你的话很不错，但是怎么办呢？"

冯谖说："我有法子，替你再凿两个窟出来。"

冯谖于是向孟尝君要了车子五十辆、银子五百斤，从薛邑动身，向西走，到了魏国的都城大梁㊷。

冯谖去见魏王㊸，对魏王说道："大王是知道的，齐国的孟尝君，是当今独一无二的人才。各国国王，谁不想招致他，重用他？只因他正做着齐国的宰相，大家无法挖㊹得他来。现在，齐王糊涂，不用孟尝君做宰相了，把这个独一无二的人才，让给各国了，各国国王，要是谁先去迎接他来，谁就可以国富兵强。魏国离齐国最近，所以我先来报个信。"

魏王听说，心想机不可失，便连忙下命令，把魏国本来的宰相免了职，腾出宰相的位置来。同时又派了使者，带了黄金一千斤、车子一百辆，请冯谖领着，到薛邑去聘请孟尝君。

冯谖先到一步，对孟尝君说道："魏国派来聘请你的使者，快要到了。使者带来的聘礼，是黄金一千斤、车子一百辆。带了这么厚重的聘礼，一路之上，一定是很招摇的，一定要传到齐王耳朵里去的。并且，齐王知道了这件事情，一定要设法挽留你的。所以，使者来了，你暂且推托，别就魏国的聘。"

魏国的使者来了，献上聘礼，孟尝君依了冯谖的话，辞不就聘，但为留将来的后路起见，话又不说得十分决绝。使者没法，回到魏国，魏王又叫他来，孟尝君还是推托，只说："承魏王厚意，只得将来再图报效。"魏国的使者，这样往返三次，齐湣王果然知道了，连忙也派了太傅⑮，带着黄金一千斤、极考究的漆着彩画的车子二辆、湣王自己佩的宝剑一把，送去给孟尝君，请他回国做宰相。又亲笔写了一封道歉的信，说道："寡人一时糊涂，听信谗言，以致开罪于你。寡人虽然不足有为，但求你看祖宗面上，回来执掌国政，治理万民吧。"这封信，也叫太傅带去。

太傅到了薛邑，进见孟尝君，送上礼物，献上书信。孟尝君看湣王意思很恳切，就回到临淄，再做齐国的宰相。

但是，冯谖又对孟尝君说道："事情还没有完，你还要趁此机会，要求齐王，请了先王的祭器，在薛邑也立一个宗庙起来。"——祭器是传国的要紧东西，宗庙就是祖庙。在那个时候，各国诸侯，把宗庙看得非常重要，凡是宗庙所在的地方，有敌国来攻打的时候，一定要出死力保全的。薛邑有了祭器，立了宗庙，那么，一方面对于国内，可以增高孟尝君的身份，借了祖宗的名义，挟制齐王，使齐王不敢轻看孟尝君；一方面对于国外，要是有敌人来攻打薛邑，齐王也不能不出兵来救（据《战国策》，后来孟尝君在薛邑的时候，楚国曾经出兵来攻打，只因薛邑有宗庙，齐王便出兵去救援）。这样一来，孟尝君的地位和他的食邑，便千妥万稳，不会动摇了。所以，冯谖劝孟尝君提出这种要求。

齐王允许了孟尝君的要求，孟尝君便命冯谖带了请得的祭器，回到薛邑去，造起宗庙来。宗

庙造好了,冯谖回到临淄,对孟尝君说道:

"现在,三窟——一窟是薛,一窟是齐,一窟是魏——已经成功,你可以高枕无忧㊻了。"

※　　　※　　　※　　　※

当初,孟尝君被齐湣王罢免官职的时候,门下的三千食客,见他失势了,便一哄而散,走得一个都不剩,孟尝君留都留不住。

后来,齐王再召孟尝君做宰相,孟尝君和冯谖,同车坐着,从薛邑动身,到临淄去。在半路上,孟尝君长叹一声,对冯谖说道:

"我非常喜欢宾客,并且善待宾客,从来没有失礼过,这是先生知道的。但是,人心竟这样靠不住,我一旦免了官,失了势,门下三千多食客,竟完全走光,没有一个肯再留恋我的。想起来,这真叫我气死。现在,全仗先生大力,我又要去做齐国的宰相了。那些无耻的食客,我想,总没有面目再来见我了。要是有人再来,我一定要唾他的面,大大地羞辱他一番。"

冯谖听了,连忙结好马缰,走下车子,向孟尝君下拜。孟尝君也连忙走下车子,扶起冯谖,问道:"先生,你是替那些无耻的食客谢罪吗?何必如此。"

冯谖答道:"不是,我并不是替他们谢罪。只因你的话说错了,我要劝你改过,所以下拜。'事有必至,理有固然。'你可知道吗?"

孟尝君说:"我不知道。"

冯谖说:"每个人都不免一死,死是一定要来的事情,这叫作'事有必至'。你富贵了,大家都来趋附你,你贫贱了,大家便都离开你,人情世故,本来如此,这叫作'理有固然'。譬如说,每天早上,市场上有许多东西出卖,大家便争先恐后,挨挨挤挤,上市场去,有的买鱼和肉,有的买柴和米,他们都有求于市场,自然要赶来。到了黄昏时候,市场上没有东西卖了,便冷清清一个人都不来,因为他们无求于市场,当然不必来了:这是一定的道理。讲到这些食客,当初,你做着宰相,他们都有求于你,自然要纷纷跑到你门下来。后来,你免了官,失了势,不能帮助他们了,他们也无求于你了,当然要走了,这也是一定的道理。所以,请你不必怪他们,还是照从前一样,接待他们吧。"

孟尝君再拜说道:"先生说得有理,我一定遵命,一定遵命㊼。"

　　※　　　　※　　　　※　　　　※

因为各国君主,都慕孟尝君的名,所以他虽然已经做了齐国的宰相,各国君主,还有把相印送给他,请他兼做本国的名誉宰相的。

当时楚国也曾送他相印,请他兼做宰相。孟尝君虽然只挂了一个名儿,但因此却不能不到楚国去走走了。有一次,他到楚国去,楚王送他一张象牙床,命郢邑㊽的一个小官,运送到薛邑孟尝君的家里。

那象牙床,雕刻非常精工,是一点儿经不起损伤的。从郢邑到薛邑,路又很远很远,运送过去,路上难免不出毛病。那小官担不起这个责任,心里很不愿意当这差使。可是,上命差遣,身不由己,楚王面前,当然不敢推辞,只得向孟尝君这边来设法。

于是,那个小官,来见孟尝君的门客公孙戌,说道:"我是郢邑的一个小官,奉楚王的命令,叫我替孟尝君运送象牙床。那象牙床，价值千金，只要损伤了一丝一发，便卖去我的老婆和儿子，也还赔不起。我实在担不起这个责任。要是你能够替我设法，开脱我这苦差使，我便把家中祖传的宝剑送给你，作为报酬。"

公孙戍说："可以，我替你设法去。"

他便进来见孟尝君，问道："你难道已经接受了楚王送给你的象牙床了吗？"

孟尝君答道："是的，他送我，我便接受了。"

"我以为你不应当接受。"

"什么缘故呢？"

"别的国君，所以都送你相印的缘故，无非因为你在齐国，能够施舍家产，救济贫苦，他们都钦佩你的义气，仰慕你的廉洁，才如此的。现在你一到楚国，就接受了那价值千金的象牙床，那么，你没有到过的国，教他们怎样来招待你呢？教他们再用什么更珍贵的东西送你呢？所以，那象牙床，我以为你不应当接受。"

"不错，我不接受就是了。"

公孙戍见孟尝君依了他的话，自己有一把宝

剑可以到手，不禁得意极了，脚步又大又快，急急忙忙地退了出去。

孟尝君在背后见他这副情景，有点儿疑心了。还没有退出中闺㊵，孟尝君便喊他回来，问他道："你劝我不要接受那象牙床，话很不错。不过，我答应之后，你为什么脚步这样大，走得这样快，脸上又这样兴高采烈呢？"

公孙戌真能临机应变，答道："我有可喜的事情三件，再加上宝剑一把，所以这么高兴。"

孟尝君说："这怎么讲？"

"门下一百多人，没有一个敢进来劝你，独有我敢，这是可喜一；进来劝了你，你居然听我的话，这是可喜二；我的话，能够止住了你的过失，这是可喜三。此外，还有那郢邑的小官儿，不愿当这运送象牙床的差使，请我替他设法，允诺把祖传的宝剑送给我。"

"好，你已经收受了那宝剑吗？"

"我不敢收受。"

孟尝君说："你何必这样多心，快去收受了吧。"一面就在挂在大门口的揭示牌上，写一个通告道:"有人能够扬我的名气,止住我的过失,因而私下在外面得到财物珍宝的,我只依从他的话,决不问他的罪。有话尽管说,快来说!㉚"

【注释】

① 战国:是一个时代的名称。从公元前475年起,到公元前221年秦始皇并吞六国止,叫作战国时代。那时是周朝末年,秦、齐、楚、燕、韩、魏、赵七雄并立,争战不已,所以叫作战国时代。

② 公子:封建时代,诸侯——就是各国的君主——的儿子,叫作公子。战国四公子中,平原君是赵武灵王的儿子,信陵君是魏昭王的儿子,都是公子;孟尝君虽然只是齐国的公族——各国君主的同族——因为是薛公田婴的儿子,也勉强算得公子;只有春申君,既不是楚国君主的儿子,也不是楚国君主的同族,所以算不得公子。但是"战国四公子"的名称,历史上一向叫惯了,所以仍旧沿用。

③ 公族:那个时候,齐国的君主也姓田,所以孟尝君是齐国的公族。

④ 田婴:号称靖郭君。

⑤ 齐湣(mǐn)王:名地,是齐宣王的儿子。即位三十六年的时候,自称"东帝"——就是东方的皇帝,那时候秦

称西帝——被苏代一说，又去了帝号，仍称王。后来乐毅伐齐，奔莒邑而死。在位四十年。

⑥ 薛：在现在山东省滕州市西南。

⑦ 薛公：本来，在周朝初年，只有周天子称王，天子封出来的诸侯，分公、侯、伯、子、男五等爵。《左传》上面有宋公、鲁侯、郑伯、楚子等话，都是照他所封的爵称呼的。但是战国时候，齐国的国君已经僭称王号，所以湣王封出来的田婴，也僭称薛公，实在是大诸侯当中的小诸侯了。

⑧ 恶月：《荆楚岁时记》说："俗称五月曰恶月。"关于这个迷信，南北朝时代也有一个故事：王镇恶是南朝宋代的一个名将，他也是五月五日生的。家里的人，因为世俗的忌讳，想将他过继远房做儿子，他的祖父王猛，看见这个孩子相貌生得奇怪，便止住他们道："这不是平常的孩子。从前孟尝君也是生在恶月，后来竟做到齐国的宰相。这个孩子，恐怕将来也要光大我们王家的门楣了。"就替他取名镇恶，表示镇得住恶的意思。

⑨《史记》原注："《风俗通》云：'俗说五月生子，男害父，女害母。'"

⑩ 顿首：拜的时候，头磕在地上，叫顿首，和"稽首"有分别：头留在地上多时叫稽首，头碰到地上就抬起来叫顿首。古时席地而坐，行顿首的礼没有什么不便。现在的

人，信末往往也还写"某某顿首"。

⑪ 齐威王：名因齐，是齐桓公的儿子。——这不是春秋五霸之一的齐桓公，那个姓姜，这个姓田——齐国国君从他起始称王，在位三十六年。

⑫ 齐宣王：名辟疆，是齐威王的儿子。在位十九年。孟子见齐宣王，就是他。

⑬ 糟糠：糟，就是酒滓；糠，就是谷子的皮。糟糠是古时穷人吃的东西。

⑭ 礼贤下士：礼，敬礼的意思；下，谦下的意思。把自己的身份放低，去敬礼贤士，叫礼贤下士。

⑮ 太子：天子或诸侯的正妻所生的大儿子，叫作太子。天子或诸侯死了，就由太子即位。因为有继承君位的关系，所以太子须得预先立好。要是正妻不生儿子，那就在庶子中，选立一人做太子，以免将来诸子争位。

⑯ 嫡长子：就是正妻所生的长子。

⑰ 辰：就是北辰，在天的正中央。一切众星，都环绕拱向着北辰。

⑱ 川就是河流。河流都归宿于海，所以说百川归海。百，言其多。

⑲ 仗义疏财：就是重义气不重钱财的意思。

⑳ 膳厅：就是饭厅。

㉑ 秦昭王：就是秦昭襄王。名稷。是惠文王的儿子，在

位五十六年。

㉒ 同母兄弟：古时行一夫多妻制，所以有同母的兄弟，也有异母的兄弟。

㉓ 泾（jīng）阳君：也是惠文王的儿子。封在泾阳——就是现在陕西泾阳县——所以称泾阳君。

㉔ 质：抵押的意思。封建时代，诸侯互相往来，为要取信别国起见，通行用人作抵押品，各国君主，往往将自己的兄弟或者儿子送到别国去，作为抵押。

㉕ 苏代：战国时洛阳人，是有名的苏秦的兄弟，也是一个很会说话的辩士。

㉖ 虎狼之国：是说秦国强暴凶狠得像虎狼一般。

㉗ 姬：就是妾。

㉘ 末座：就是最低、最后的座位。

㉙ 函谷关：现在河南省灵宝市的东北。

㉚ 武关：现在陕西省丹凤县东南。

㉛ 散关：现在陕西省宝鸡市的西南。

㉜ 萧关：现在宁夏固原的东南。

㉝ 临淄（zī）：齐国都城在临淄，就是现在山东省淄博市的临淄区，当时很为热闹。

㉞ 舍人：古官名，单管舍中的事情，如出廪——就是拿出仓里的米谷来，分供百官作俸禄——分财等。或说，舍人是战国时候王公贵人的近侍的通称。

㉟ 田甲作乱：据《史记》注，是齐湣王三十四年的事情。
㊱ 冯谖（xuān）：人名，《国策》（书名，也叫作《战国策》，是汉朝的刘向，收集以前的人所记战国时候的故事编辑成的）里写作冯谖，《史记》里写作冯驩。这一段故事，参合《国策》和《史记》做成，但是采《国策》多，采《史记》少，因为《国策》里所说的，比《史记》有趣。
㊲ 左右：就是王公贵人的近侍，因为伺候在主人身边，所以叫作左右。
㊳ 舍：就是房屋，客人住的房屋叫客舍，犹之学生寄宿的房屋叫宿舍。
㊴ 会（kuài）计：就是掌管钱财的收入，和计算账目的事务。
㊵ 厩（jiù）：就是马房，这里泛指养牲畜的棚。
㊶ 窟：兽的巢穴。
㊷ 大梁：就是现在河南省开封市。
㊸《史记》里说冯谖去见秦王，劝秦王聘请孟尝君，《国策》却说去见魏王。这里依《国策》。
㊹ 挖：把别家用着的人，设法弄过来给自己用，叫挖。
㊺ 太傅：古官名，就是太子的师傅。
㊻ 高枕无忧：就是安心睡觉的意思。反转来说，形容人有忧患，生活不安，叫作不能安枕。
㊼ 这一段故事，《国策》里也有类似的一节，唯劝孟尝君

的人，是谭拾子，不是冯谖。

㊽ 郢（yǐng）邑：是楚国的都城，在现在湖北省荆州市。

㊾ 中闱：是一种上圆下方的独立的门户。

㊿ 公孙戍的故事，是根据《国策》的。

平原君的故事

【故事】

现在,我们再来讲平原君的故事:

平原君,姓赵,名胜,是赵武灵王①的儿子。因为封在平原②,所以称平原君。

他的地位,和孟尝君一样,也做赵国的宰相。他又喜欢宾客,和孟尝君相同,门下食客,也常有几千人之多。

※　　　※　　　※　　　※

平原君家里,有一幢楼房,真是画栋雕梁,造得非常讲究,又高爽,又华美。平原君的姬妾们,是常常到这楼上来,凭窗四望,观赏远景的。

这楼房的对面,是一带矮矮的平房,有许多民家,便住在这一带平房里面。一天,平原君的一个美妾,正在那楼上凭窗四望,忽见对面民家,走出个跛(bǒ)子来,提着水桶,一拐一拐地走到河边去打水。去的时候还可以，回来的时候，桶里水打得满满的，斤量重了，一只脚又是跛的，走路的时候，要保持全身的平衡，真不容易。只见他越拐越厉害，东倒西歪，一个不小心，全身失了平衡，啪嗒一声跌倒了，一桶水，泼得满地都是。这一副窘相，给平原君的美妾在楼上窗口看得清清楚楚，不禁拍手大笑。那跛子爬起身来，听见有人笑他，抬头一望，也不作声，管自收拾了水桶，回去了。

明天，那个跛子，上门来找平原君说话了。他说道："我一向知道，你是一个贤公子。各国的士，所以不远千里都跑到你府上来，无非因为你不爱钱财，不爱珍宝，并且不爱女色，只尊重士的缘故。"

平原君点点头。

跛子又接着说道："我很不幸，犯了残疾，行走不便。本来，健全的人，对于像我这种残疾的人，应该是有同情心的，你说是不是？"

平原君又点点头。

跛子说："那么，我要提出一个要求了。"他先把昨天的情形，讲了一遍，然后又说道："照理，别人跌一跤，有什么好笑？别人正在痛苦的当儿，你还要笑他，是不是应该的？但是，你的爱妾，她不但对于残疾的人，没有同情心，并且幸灾乐祸，别人跌倒了，她倒以为好看，拍手大笑。这对于我，实在太侮辱③了！所以，我要求你，把那爱妾的头割下来，赔我的不是。我相信你，看待贤士，总比看待美妾贵重一点儿，所以，我敢提出这要求。"

平原君微笑着，随口答应道："可以，可以。"

那跛子走了，平原君便哈哈大笑，对左右说道："你们看，这疯子，口气真好大！为了笑一笑的缘故，就要杀死我心爱的美人，这不是太过分了吗？"他随即把这事儿撇在脑后，置之不理。

可是，从此以后，他门下的宾客，逐渐少下去了。只一年多点儿工夫，竟走了一大半儿。他奇怪起来了，问还留着的宾客道："我待诸君并不错，从来没有失礼过，为什么走了的人这么多？"

有一个答道："你不杀那取笑跛子的美妾，他们都以为你爱女色，看轻士，自然要走了。"

平原君只得把美妾斩了首，亲自送到那跛子门上去谢罪。于是，门下的宾客，又渐渐多起来，恢复原状了。

※ ※ ※ ※

赵孝成王④的时候，秦国出兵攻打赵国，连战连胜，长驱直入，围困了赵国的都城邯郸⑤。孝成王见国势非常危险，便派平原君亲自到楚国去走一趟，要求楚国和赵国合从⑥，派兵来救。

平原君动身之前，要在门下的食客当中，选二十个文武兼全的人，跟自己同到楚国去。可是，在几千个食客之内，选来选去，只选得十九个。其余的不是能文不能武，便是能武不能文，没有一个可取的，无论如何，总凑不满二十个。

平原君正在烦闷，忽然有一个下客⑦，名叫毛遂的，进来见平原君，自己推荐自己，说道："听说二十个人，还少一个，我倒愿意凑满这数目，跟你同到楚国去。"

平原君便问他道："先生，你在我门下，有几年了？"

毛遂答道："三年了。"

平原君摇摇头，说道："我想，有才干的人一到社会上，他的本领立刻会显出来，好比锥子一放到袋里，它的尖头立刻会露出来一般。现在，先生在我的门下，已经有三年之久了，可是，左右的人，从来没有称道你什么；我的耳朵里，从来没有听到别人说起你什么。先生，我看，你不能去，你还是留在这里吧！"

毛遂答道："是的，我正是一把锋利的锥子，只苦以前没有机会，没有人把我放到袋里去。到现在，才有机会，我才请你把我放到袋里去。要是，我早有机会，早放到袋里去，那我早就全体脱出，岂只露一个尖头儿！"

平原君听他说得有理，竟允许了他的请求，叫他同到楚国去。这时候，另外的十九个人，大家都看看毛遂，我对你笑笑；看看毛遂，你对我笑笑。

到了楚国，平原君在殿上同楚王⑧商量；带去的二十个人，站在殿下等候。平原君反复申论：楚国和赵国合从，有如何如何的利益；不和赵国合从，有如何如何的害处。可是，楚王总是踌躇着。从日出的时候讲起,一直到日中的时候,还没有决定。

于是毛遂一手按着佩剑,一步一步,跨上殿阶,到了殿上,对平原君说道:"合从,或是不合从,只两句话就可以决定。现在从日出的时候就讲起,到日中的时候还没有决定,这是什么缘故呢?"

楚王吃了一惊,向平原君道:"他干吗的?"

平原君答道:"是我的舍人。"

楚王便摆出国王架子来,厉声呼喝道:"还不给我滚下去,我是同你主人讲话,你来干什么?"

毛遂一手按着佩剑,抢上几步,到了楚王面前,也大声说道:"大王,你所以敢这样呼喝我,无非仗着楚国人多。现在,我已经在你面前十步之内了,你的性命已经在我手里,哪怕楚国人再多一点儿,也没有一个能够帮助你,你不能再仗着人多威吓我了——况且,我的主人,也在面前,你这样呼喝算什么呢?"

楚王吓得脸上变了色。

毛遂又接着说道:"我听说,从前成汤⑨只把区区七十里的地方做根基,做了天下的王;周文王⑩也只把小小一百里的地方做根基,臣服了天下的诸侯。现在楚国地方千里,兵马百万,有了这样的根基,应该可以称霸称王了,像楚国这样强大,应该是天下无敌了,哪知不然。白起⑪,不过是一个小孩子罢了,他只带几万兵来,攻打楚国,居然一战,就取了鄢郢⑫;再战,就烧了夷陵⑬;三战,就把大王的父亲⑭,赶得急急忙忙,东奔西逃,避在陈城⑮。这真是百世的怨仇!在我们赵国人看来,这真是莫大的国耻!哪知大王自己,倒反不记恨,不知道报仇!大王,你要明白:合从,是为的楚国,不是为的赵国,我们原是好意啊!况且我的主人,也在面前,你这样呼喝,到底算什么呢?"

楚王连连答应道:"是,是!真的,正如先生所说,我们应该报仇,应该打倒强暴的秦国!我愿意把整个的楚国,听先生的命令。"

毛遂紧接着问道:"那么,大王决定合从了吗?"

楚王答:"是的,决定了。"

毛遂便对楚王的左右说道:"赶快,请拿鸡、狗、马的血来。"——原来古时候,天子、诸侯、大夫会盟结约的时候,是要在天地神明面前发誓,表明不翻悔的。发誓的时候,会盟的人,是要用牲畜的血涂在自己嘴上的。这个仪式,叫作"歃⑯血"。歃血用的牲畜,因为会盟的人,身份不同,也有分别;天子用牛或马,诸侯用狗或猪,大夫用鸡。毛遂本是家臣的身份,这里自比于大夫,用鸡;平原君本是大夫的身份,这里比于诸侯,用狗;楚王本是诸侯的身份,这里比于天子,用马;所以毛遂叫楚王的左右,拿鸡、狗、马的血来。

楚王的左右,把鸡、狗、马的血,盛在铜盘里,交给毛遂,毛遂便双手捧着铜盘,跪下来献给楚王道:"请大王先歃血定'合从之约',其次是我的主人,其次是我。"

于是,楚王、平原君、毛遂三个人,依次在殿上歃血,定了合从之约。然后,毛遂托着铜盘,招呼在殿下的十九个人,说道:"请你们也在殿下歃这血。你们都是庸庸碌碌⑰,靠人做事,不能用自己的力量,来干大事的人啊!"

平原君定了合从之约,告辞回国;楚王便派春申君,带兵去救赵国;同时魏国的信陵君,也带兵来救赵国了。

平原君回国之后,就对别人说道:"我从此以后,不敢再相人了。我眼睛里相过的人,多说总有千把个,少说也有几百个,自以为我是识得人,不会错过人才的。哪知我的眼睛竟靠不住,竟会错过像毛先生这样的人才!我从此以后,不敢再相人了。"从此,他以毛遂为上客。

※　　　　※　　　　※　　　　※

魏、楚两国,虽然出兵救赵,但都没有赶到。秦军便趁此机会,竭力攻打邯郸,要想在两国救兵没有赶到之前,攻破城池。赵国的兵,几乎把守不住,形势非常危急。

于是有一个管理传舍⑱的小官,名叫李同的,来见平原君,说道:"公子不怕赵国灭亡吗?"

平原君说:"哪有这话!赵国一亡,我就要做俘虏,哪有不担心的道理?"

李同说:"现在,邯郸被秦兵围困得太久了,因为来源断绝，粮食都已吃完，一般百姓们，饿得没有办法，互相调换儿女，杀来充饥了，这种形势，真是危急万分了。但是，公子的后宫里，还养着几百美人。百姓们短衣都穿不完全，她们呢，却穿的是绫罗绸缎；百姓们糟糠都吃不饱，她们呢，却吃的是大鱼大肉和白米饭。并且，现在兵器也都用完了，百姓们都斩了树木，当做刀枪，上城去抵挡敌人。但是公子府上，钟啊，磬啊，剑啊，戟啊，种种宝物，还是完完全全保有着，一点儿没有动。这使百姓们看了，心里一定要不高兴的。万一，人心散乱下来，秦国的兵，攻打进城，灭了赵国，公子哪里还能够保全这些东西？要是百姓们肯出死力，坚守城池，赵国能够保全，那么，公子也不怕没有这些东西。现在这种一发千钧的时候，公子最好一方面下命令，将府上的男男女女，从夫人以下，一概都编到兵队里去，男的上城守御，女的做后方勤务；一方面又把府上所有的财产器物，统统拿出来，赏给兵士们。只有这样，才能鼓舞人心，振作士气，城池才可以守得住。"

平原君照他的话做了,果然,重赏之下,必有勇夫,当时就募集了三千敢死队,由李同带领着,冲出城去,和秦军拼命打一仗,秦军竟被他们冲退三十里。邯郸总算保全了,但是李同也死了。

不多时,楚、魏两国的救兵都赶到,秦军就退回本国去了。平原君追念李同的功劳,就封他的父亲做李侯。

【注释】

① 赵,战国时国名。它的领土,大约在今山西省北部、河北省南部和山东省西部的一角。赵武灵王,名雍,是赵国一个很英明的国王。当时,赵国的北方,有一种民族叫作胡——就是后来的匈奴,他们的衣裳,都很短小简便,并且他们都精于骑马、射箭。打仗的时候,骑在马上,跑来跑去非常快。但是,那时赵国人,穿的是宽衣博带,动作不便;打仗又用笨重的车子,行动也很迟钝。所以,胡人来侵犯的时候,赵国往往吃亏。幸亏武灵王英明,不顾大家反对,下令叫赵国人民也穿胡服,习骑射,才能打败胡人,向北方开拓疆土。

② 平原:赵国地名,在今山东省西部。

③ 我国古时,看轻女子,所以男子见笑于女子,算是受莫大的侮辱。平原君的美妾,因为一笑的缘故送了性命。(其实她笑你固然不该,你要她的性命,尤其不合人道。)春秋时候,齐顷公的母亲萧太夫人,也因为笑了晋国的使臣郤克——郤克也是一个跛子——闯下大祸,闹出一场战争来。要知道详细,请看《左传故事》。

④ 赵孝成王:名丹,是惠文王的儿子,平原君的侄儿。

⑤ 邯郸(hán dān):即今河北省邯郸市。

⑥ 合从:从,同"纵"。南北曰纵,东西曰横。就地盘说,战国七雄——秦、韩、魏、赵、齐、楚、燕——之中,秦国在西面,其余的六国在东面。六国之中,燕、赵在北,楚在南,韩、魏、齐居中。所以战国时候,有"合从连横"之说。因为秦国最强,常要攻打六国,苏秦便提倡"合从"——就是劝六国南北合起来,协力抵挡秦国,所以叫作"合从"。后来,张仪又提倡"连横"——就是分散东方六国的团结,劝他们当中的一两国,西与秦国连络,所以叫作"连横"。

⑦ 下客:就是受下等待遇的食客。

⑧ 楚王:是楚考烈王。

⑨ 成汤:是商朝开国的君王,他本是夏朝的一个诸侯,后来灭了夏桀,做中国的天子。

⑩ 周文王:姓姬,名昌。他的儿子周武王,灭了殷纣,

做中国的天子。

⑪ 白起：秦国的名将。

⑫ 鄢（yān）郢：楚国地名，在今湖北省宜城市境。

⑬ 夷陵：是楚国先王坟墓的名称，在今湖北宜昌市宜昌县东。

⑭ 考烈王的父亲，是楚顷襄王。

⑮ 陈：春秋时国名。后为楚国所灭亡，地在今河南东部和安徽一部分。

⑯ 歃音 shà。

⑰ 庸庸碌碌：就是平凡无用的意思。

⑱ 传舍：驿站里所设的房间，供来往的人休息的。

信陵君的故事

【故事】

现在轮到讲信陵君的故事了。

信陵君,姓魏,名无忌,是魏昭王①的小儿子,魏安釐王②的异母弟③。昭王死,安釐王即位,封他做信陵君④。

信陵君的为人,非常仁慈,并且也十分好客,礼贤下士。凡是到他门下来的士,不论贤的,或是不肖⑤的,他都很客气、很有礼地接待他们,从来不因为自己的富贵来傲慢别人。因此,四方的士,都不远千里,纷纷争先恐后,跑到他门下来。他门下的食客,也有三千人之多,和孟尝君、平原君齐名。

　　　※　　　※　　　※　　　※

有一次,信陵君正在和魏王下棋,忽然,北方的边境上,一阵一阵的烽火⑥,接二连三地起来,接着便有人传到紧急的消息:"赵王亲自带了大兵,来侵犯我们,已经到边界上了。"

魏王大吃一惊,连忙丢下棋,立起身来,要召集大臣们,开会商议对付的方法。

信陵君止住他,说道:"别忙,没有事,这是赵王出来打猎,并不是来侵犯我们啊。大王还是再坐下来下棋吧。"说罢,拉着魏王坐下来,仍旧下棋。

魏王还是很恐慌,虽然下棋,但是心不在焉,棋都下错了;信陵君却若无其事地,仍旧一边下棋,一边说笑。

不多时,又有消息从北方传来,说道:"原来是赵王出来打猎啊,并不是来侵犯我们。"和信陵君说的话一样。

魏王觉得奇怪极了,便问信陵君道:"咦!你怎么会预先知道?"

信陵君说:"我门下的食客当中,有一个人,能够探听赵王的私事。凡是赵王的一举一动,他都来报告我,所以我能够知道。"

魏王见信陵君这样能干,心里很猜忌,从此

以后，不敢再把政权交给他了。

※　　　※　　　※　　　※

魏国有一个隐士，名叫侯嬴，年纪已经七十岁了，因为家里贫穷的缘故，不能不做些事情。他做的事情，是看守城门——大梁的夷门。这是一种很苦的差使，但是，他却很安心地服务着。

信陵君知道了有这么一个贤士，便亲自去拜访他，送他份很重的礼，侯嬴却一定不要，说道："我一生廉洁，过着清贫的生活，已经几十年了，现在，决不肯因为穷困的缘故，收受公子的钱财。"

信陵君见他这样高尚，这样有气节，越发钦佩他了。有一天，信陵君在府中摆了酒席，邀请许多宾客，大开宴会。他请的宾客，有魏国的宰相，有魏国的将军，也有魏国的宗室⑦，都是当时数一数二的阔人。宾客一个一个地来了，信陵君一个一个地招呼他们，请他们就坐。等到宾客都到齐了，都坐定了，却只有一个首座⑧，还是空着，大家都很奇怪。

信陵君对宾客们拱拱手，说道："对不起，请诸位等一等,我去迎接一个人来。"说罢,转身走出。宾客们越发奇怪,不知道他去迎接的到底是一个什么样的人,大家都交头接耳,纷纷猜测、议论。

信陵君走出府门,便自己驾了车子,带了许多骑马的亲随,去迎接看守夷门的侯嬴。因为古时尚左,左边是上首,所以他把车子里左边的座位空着,自己坐在右边,拉着缰绳,赶着马,许多亲随骑了马跟着,一窝蜂似的,直向夷门而去。

到了夷门,信陵君请侯嬴上车。侯嬴戴了破帽,撩起破衣,走上车来,老实不客气,坐在信陵君左边。他并不是不懂得谦让,他是要借此看看信陵君的态度究竟如何。哪知信陵君一点儿也不生气,拉着缰绳,态度越发恭敬了。

信陵君举鞭打马,正想赶车回府,侯嬴却又对他说道:"我有一个朋友,在市中一家肉店里,我要去看看他,可否请公子把车子赶到市里去?"

信陵君立刻允许他的请求,掉过方向,把车子赶到市里去。路上的人,看见一个穿锦绣衣服的少年公子,同一个戴着破帽、穿着破衣的老头儿,并坐在车子里,都觉得非常奇怪,站住了看。

到了那家肉店门前,车子停了,侯嬴走下车去,会见他的朋友朱亥。他故意站在那里,站了许多时候,同朱亥谈天,一双老眼,溜来溜去,左边张张,右边望望,要借此再看看信陵君的态度如何。哪知信陵君一点儿没有不耐烦的样子,面色越发温和了。

要知道:这时候,信陵君府上,是有许多阔人——魏国的将军、宰相、宗室,和满堂的宾客,都空着肚子,等着信陵君回去开宴的,如果再不回去,他们都要饿得受不住了。加以,市井中的闲人,看见一个公子替一个穷老头儿赶车子,都当作奇闻,纷纷聚集拢来,在四周围指手画脚地议论着。跟去的亲随,也都放低声音,暗暗骂道:"这个老头儿,真太不识相了!"这当儿,侯嬴再看看信陵君,面色还是非常温和,一点儿也没有改变。于是,侯嬴才别了朱亥,走上车来。

到了家里,信陵君在前面,引导侯嬴,走到堂上,请他坐了首座。然后一个一个,将他介绍给宾客们,说道:"这位是侯老先生,这位是侯老先生。"满堂的宾客,都大吃一惊。

然后,信陵君就了主人的座位,吩咐开宴。侍役们一声应喏,有的便来酌酒,有的便来上菜。他们走到侯嬴面前,心中总纳罕⑨道:"主人真古怪,请得这样一个不尴不尬的老头儿来!"

饮酒中间,要上大菜了,信陵君便起身离座,到侯嬴面前敬酒。侯嬴便对他说道:"今天,我替公子帮忙,也总算帮得够了。我原是一个看守城门的人,却有屈大驾,亲自赶了车子来迎接我。现在,在大庭广众之间,公子不该过分宠待我,公子又偏偏过分宠待我。我本来不敢当,但是,我也知道公子的意思,我为了要扬公子的名,所以故意说要访问朋友,要公子载我到市中去。到了市中,又故意站在那里同朋友谈天,站了许多时候,要公子的车骑也等在那里,等了许多时候。当时,我也在私下偷看公子的态度和面色,公子的态度是越发恭敬,公子的面色是越发温和。这样一来,市中旁观的人,便都以为我是一个小人,都以为公子是一个真正能够礼贤下士的忠厚长者⑩了。公子,你是聪明人,我的意思,你懂得吧。"

信陵君点点头。

从此以后，侯嬴便做了信陵君府中的上客。

有一天，侯嬴对信陵君说："上次，我坐了公子的车，去访问的那个屠夫朱亥，实在是很有本领的人。只可惜没有人知道他，所以他只得隐居着，干这种勾当。"

信陵君说："我明天就去拜访他。"可是信陵君去拜访了朱亥好几回，朱亥一次也不来答拜。信陵君很是奇怪。

※　　　　※　　　　※　　　　※

魏安釐王二十年，秦昭王⑪出兵攻打赵国，围困了赵国的都城邯郸。

信陵君的姊姊，是赵国平原君的夫人，屡次写信来，给魏王和信陵君，恳求他们出兵去搭救，魏王便命将军晋鄙，带了十万大兵，去救赵国。

秦昭王知道魏国出兵救赵，便派一个使者，到大梁来，用一种恫吓的话，对魏王说："我们秦国的大兵，正在攻打赵国，这早晚，邯郸就要打下来了。诸侯当中，谁敢出兵来救赵国的，那么，等我灭了赵国之后，一定就移这一支军队去攻打他。"

魏王听说，不由得不有些怕起来了，连忙派一个使者，去止住晋鄙，叫他把军队停留在邺⑫这个地方，观望形势，不要再向前进。

赵国尽管等着、等着，魏国的救兵，总是不来、不来。平原君发急了，接二连三，派了许多使者，到魏国来催；并且，又写了一封亲笔信，叫使者带给信陵君，信中责备信陵君道：

"我所以同贵国结为婚姻，无非因为公子是一个很有义气的人，能够救人危急的缘故。现在，邯郸只在早晚之间就要被秦军攻下来了。我们等着、等着，贵国的救兵，却总是不来。这样看来，公子是不能救人危急的了。并且，公子就是看轻我，忍心让我做秦国的俘虏，公子自己的姊姊，你难道也一点儿不可怜她吗？"

信陵君接了信，自己几次三番，去请求魏王，下令叫晋鄙进兵；一面又托宾客和朋友，很会说话的，用尽方法，去劝魏王。魏王总是怕秦国，总是不肯听。

信陵君见魏王是不肯回心转意的了，知道事

情是弄僵了，无法可想了，他自己打算道："要是赵国亡了，我还有面目活着吗？我决不能一个人偷生在世，单单让赵国灭亡。"

于是，他召集门下的食客，开了一个会，宣布自己的意思，说道："魏王虽然不肯下令，叫晋鄙进兵救赵，我可看不过，我一定要去救，就是一去不回来，死在秦军当中，我也甘心的。我与其袖手旁观，看着赵国灭亡，还不如拼了命，和赵国同时灭亡！不知诸位，可有人愿意同我去吗？"当下有几百个食客，愿意同去。

信陵君就备了百把辆车子，带着几百个食客，动身前去。他们经过夷门的时候，看见侯嬴，信陵君便把自己要赶到秦军那里去拼死的缘故，告诉侯嬴，临别的时候，信陵君说道："我们这次的分别，恐怕就是永诀⑬了。"

侯嬴却答道："公子，你努力，你努力吧！我老了，不能跟你同去了。"

信陵君向前走了几里路，心中非常不高兴，他想："我优待侯嬴，总算至矣尽矣，这是大家都知道的。现在，我快要死了，侯嬴却没有一言半语送我,安慰我,难道我对他还有什么不周全的地方吗?"

于是,他又转车回来,要去质问侯嬴。到了夷门,侯嬴笑道:"我早已知道,公子是要回来的。"

信陵君问:"你怎么知道?"

侯嬴说道:"公子的好客,是名闻天下的。现在,公子有为难的事,竟想不出别的方法,却要赶去和秦军拼命,这好比拿了肉,去喂饿着肚子的老虎,怎么会成功呢?这样,公子又何必养了这许多食客呢?不过,公子非常优待我,公子动身去,我竟不送你,我早已知道,公子是一定恨我,一定要回来质问我的。"

信陵君点点头,又再拜问道:"老先生,你可有什么好的办法吗?"

侯嬴便请信陵君先叫手下的人走开,然后低声对他说道:"我听说,晋鄙的兵符——兵符是一种信物,用竹头制成,上面写着文字,剖做两个半爿(pán)。古时大将出兵,国王一定给他半爿兵符;其余的半爿就存在国王这里,预备有重要命令或者要调换主将的时候,带到军营里去对验的——是藏在大王寝室里的。大王最宠爱的人，是如姬，只有她，能够出入大王的寝室，能够偷得那兵符来。我又知道，从前，如姬的父亲被仇人杀死了，她天天想替父亲报仇。从大王以下，大家也都要替她的父亲报仇，可是，过了三个年头，还是没有一个人能够捉到那仇人，仇还是没有报。后来，如姬为了这件事，对公子哭诉一番，公子便立刻派一个门下的勇士，去把那仇人的头割来，献给如姬。照此看来，如姬是一定非常感激公子，一定肯不辞危险，拼了命替公子办事的。只不过她没有路数，不知道怎样报答你罢了。现在，公子只要一开口，央她偷那兵符，她一定答应的。兵符一到手，那公子便可以夺了晋鄙的兵，带去救赵国了。"

信陵君依了他的计策，去请求如姬，如姬果然从魏王的寝室里，偷出晋鄙的兵符来，交给信陵君。

※　　　※　　　※　　　※

信陵君得了兵符，要动身了。侯嬴止住他道："且慢，公子还是不能去。"信陵君问他什么缘故，侯嬴说道:"将在外,君命有所不受⑭,他为国家起见,可以权宜行事。公子此去,到了军中,即使拿出兵符来对验过,说魏王叫你去代替晋鄙,晋鄙或者还要疑心,不肯把兵权交给公子,却再派人来,请命于魏王,问个底细:要是这样,事情岂不弄糟了?我的朋友屠夫朱亥,他是一个力士,公子可以带他同去。晋鄙肯听话,固然最好;万一不听,就可以叫朱亥打死他。"

信陵君听了这话,哭起来了。侯嬴问道:"公子怕死吗?为什么哭?"

信陵君说:"不,不,我并不是怕死。只因晋鄙是我国的宿将⑮,也是一个难得的人才,我此番前去,万一他不听话,那我便不能不杀死他,所以,我要哭啊!"

于是,信陵君再到市中那家肉店里,请求朱亥同去。朱亥笑道:"我不过是一个市井的屠夫。从前,承公子不弃下贱,几次三番,亲自来访问我,我却一次也不到公子府上来答拜,这并不是我不懂道理,只因这种小节,是没有什么关系的。现在,公子有非常紧急,而且非常重大的事情发生了,正是我报答公子的时候了。"他就应允了信陵君,跟他同去。

信陵君真要动身了,到侯嬴这里去辞行。侯嬴说道:"我本该送公子同去,只恨上了年纪,不能够了。公子动身之后,我在这里,天天计算着公子的行程,公子到了军中的一天,我就北向⑯自刎,这样,和我自己送公子同去,是一样的。"

信陵君带着朱亥。一同出发,到了邺邑,进营会见晋鄙,说道:"奉大王的命令,来替代将军。"说着,把兵符交给晋鄙。晋鄙将两爿兵符,拼合起来,一验,的确是对的。但是,果然不出侯嬴之所料,他还是不大相信,对信陵君说道:"我带了十万大兵,屯在边境之上,这是国家大事,不可以随随便便的。现在,公子只是一车二人,匆匆赶来替代我,这是什么缘故呢?"

朱亥在旁,看见情形不对,立刻从衣袖里,取出一个四十斤重的铁椎来,一椎,就打死了晋鄙。于是,信陵君就代替晋鄙,带领这支军队了。

信陵君为收服军心起见,下了一道命令,说:"父子都在军中的,父亲回去;兄弟都在军中的,哥哥回去；独子没有兄弟的，也回去奉养父母。"这样一来，兵士回去的，有十分之二。他就带了精选的兵八万人，兼程趱行，去攻击秦军，秦军得到消息，便解围而去。邯郸终究保全了，赵国终究得救了。

于是，赵王和平原君，亲自到边界上来，迎接信陵君。会见之后，赵王向信陵君再拜说道："从古以来，没有一个贤人，能够比得上公子的。"平原君并且背了箭袋，做信陵君的前队，接引他到邯郸去。这个时候，平原君不敢和他相比。

侯嬴和信陵君诀别之后，在信陵君到了军中的一天，果然北向自刎了。

信陵君虽然救了赵国，但是偷兵符、杀晋鄙，究竟是不应该的，所以他不敢回到魏国，叫人先带了魏军回去，自己留在赵国。

赵国有两个隐士：一个叫毛公，隐居在赌徒中间；一个叫薛公，隐居在卖浆人家里。信陵君一向闻他们的名，到了赵国，屡次想去见见他们，可是，毛公和薛公，却总是东躲西避，不肯出来会见信陵君。

信陵君可并不就此放手,还是央了许多人,到处探听毛公和薛公的行踪。有一次,他们的行踪,终于被探听到了,信陵君便不带侍从,独自一个人步行去拜访他们,他们无从躲避,只得和信陵君拜见。从此以后,信陵君和毛公、薛公,常常来往,很是相得。

平原君知道了这件事,便对自己的夫人——就是信陵君的姊姊——说道:"当初,我以为你的兄弟,是一个天下无双的了不得的人,现在才知道不过是一个荒唐的人。他不知自处,竟去同赌徒、卖浆的这些下流的人结交,不是太荒唐了吗?"

信陵君的姊姊,把这话告诉信陵君,信陵君听了,便向她告辞,说道:"姊姊,我要去了,我不愿意再在这里了。当初,我以为你的丈夫,是天下数一数二的贤公子,所以为了他的缘故,我宁可背了魏王,担了天大的干系,赶来救援赵国。现在才知道他不过徒有虚名,他的养士,原来只是一种摆阔的举动,是不求真的贤士的。我在大梁的时候,就常常听人说起,毛公和薛公,是赵国有数的贤士。到了这里,我只怕不能见他们的面,只怕像我这样的人,要和他们结交,他们是不愿意的。哪知道你的丈夫,反以为他们是下流的人,说我不顾身份,和他们结交,是不值得的。可见他是一个不识得贤士的人,我真犯不着背了魏王,担了干系,赶来救他。"说罢,信陵君就收拾行装,要动身走了。

他的姊姊,把这一番话,告诉平原君,平原君连忙亲自来谢罪,竭力挽留信陵君,请他不要走,信陵君只得留下。可是,从此以后,平原君门下的食客,有一大半儿都离开平原君,投到信陵君门下了。

※　　　※　　　※　　　※

信陵君一连在赵国住了十年。秦国因为信陵君不在魏国,便接二连三,出兵去攻打魏国。魏国看事势危急,只得派了使者,到赵国去请信陵君回来。信陵君还怕魏王要责罚他,所以不肯和魏国的使者见面,并且告诫门下的人,说:"魏国的使者来了,有人敢进来通报的,我就要他的命。"

毛公和薛公两人,知道了这件事,便同去见信陵君,说道:"公子所以能够得着赵国的重视,所以能够名闻诸侯,只因为你背后有个魏国的缘故。现在秦军攻打魏国,很是危急,要是公子不回去救援祖国,让秦军攻破大梁,把魏国灭了,那么你还有什么面目,活在这个世界上呢?"话没说完,信陵君已经觉悟自己的不该,立刻吩咐门下的人,备好车驾,立刻动身回去救魏国。

※　　　※　　　※　　　※

信陵君因为十年没有回到本国了,所以一到魏国,见了魏王之后,不禁悲从中来,大哭一场。魏王拜他为上将军,叫他带兵去抵挡秦军;各国诸侯,也都派了兵来帮助他。他便统率了各国的联军,把秦军打得落花流水,赶进函谷关里,不敢出来。

【注释】

① 魏:是战国七雄之一,在赵国的南面,占有今河南省北部、山西省西南部的地方。魏昭王,名遨,是魏哀王的儿子,在位十九年。

② 魏安釐（xī）王：名圉，在位三十四年。

③ 见《孟尝君的故事》注解。

④ 信陵：魏国地名，是信陵君的食邑，即今河南省的宁陵故城。

⑤ 不肖：系"贤"之对，就是"不贤"的意思。古人文字中，往往"贤不肖"连用。

⑥ 烽火：古时交通机关不完备，电报电话当然是没有的。所以，各国都在边境上，造起很高的土台，台上竖一个桔槔，桔槔上面有一只笼，笼里放些柴草。要是边疆有警急，便把那柴草放火点着，使国内能够望见，好做准备：这叫作烽火。

⑦ 宗室：国王的同族。

⑧ 首座：就是第一个座位。

⑨ 纳罕：就是觉得奇怪，而不说出来。

⑩ 忠厚长者：就是心地忠厚气度宽大的人。

⑪ 秦昭王：就是昭襄王，名稷，是秦武王的异母弟，在位五十六年。

⑫ 邺（yè）：魏国地名，在今河北临漳一带。

⑬ 永诀：就是永别的意思。

⑭ 军情是瞬息万变的，或进或退，或攻或守，都要临机应付的。所以大将在外，可以权宜行事，国君不能事事遥加节制。国君的命令，有时他也可以不接受。

⑮ 宿将：就是老将。老将都久历沙场，富有军事经验，所以信陵君不忍杀晋鄙。

⑯ 北向：就是向北方。赵在魏之北，信陵君救赵，是向北行的，所以侯嬴要北向自刎。

春申君的故事

【故事】

最后，要讲春申君的故事了：

春申君①姓黄，名歇，是楚国的宰相。

当时，齐国的孟尝君、赵国的平原君和魏国的信陵君，大家争着招致四方的宾客，春申君也同他们一样，门下的食客，也有三千多人。

有一次，赵国的平原君，派了一个使者，到春申君这里来，春申君便先请他在上等客馆里居住，再定期接见。

赵国的使者，要想在楚国人面前，表示自己的阔绰，便将玳瑁做的簪加在冠上；佩刀和佩剑的鞘上也用几颗珍珠和宝玉装饰起来，然后再去拜访春申君的门客。哪知春申君门下的上客，有好几百人，都穿了满缀着又大又圆的珍珠的鞋子，出来会他。比较之下，赵国的使者，自己惭愧极了。

※ ※ ※ ※

楚国的考烈王②，是没有儿子的。在上古君位世袭③的时代，国王没有儿子，是当作重大问题的。春申君做着楚国的宰相，看国王没有儿子，恐怕将来引起重大的纠纷，心中非常担忧。他屡次派人到民间去，挑选有宜男相④的许多妇人，献给楚王。但是，只看见一个一个的妇人，送进宫去，终究没有一个儿子生出来。

那时，有一个赵国的人，名叫李园，带了他的妹妹到楚国来。他的妹妹，相貌很好，他本想将她献给楚王，只因听别人说，楚王是不会生儿子的，恐怕他妹妹进宫之后，年久失宠，所以又作罢了。

后来，李园也在春申君门下，做了舍人。有一次，李园向春申君请假二十天，回本国去。他故意误了期，过了一个月，才到楚国来销假。

春申君质问他为什么误期，他却答道："齐王听说我的妹妹，相貌很好，派一个使者来求婚，我不能不招待他，因此，来迟了。"

春申君连忙问道:"你受了聘礼没有?"

"还没有。"

"令妹可以见一见吗?"

"可以。"

李园带了妹妹,进见春申君,春申君一看,果然貌美,便留住了。

后来,李园的妹妹,怀了胎了。李园和她商量,教她一番话,要她对春申君说。

一有机会,李园的妹妹,便对春申君说道:"楚王信任你,宠幸你,就是他自己的兄弟,也还比不上。现在你做楚国的宰相,已经二十多年了,但是,楚王还没有儿子。楚王百年⑤之后,一定由他的兄弟当中的一个人,来即王位,不论新王是谁,一定要叫他自己本来亲近的人,来接你的后任,你又哪里能够永远保持这富贵和宠幸呢?不但如此,你执政已有二十多年了,对于楚王的兄弟们,当然不免有许多得罪的地方,他们一即位,恐怕你的大祸就要临头,又怎能保全你的相印和江东的封地呢?现在,我是怀了胎了,这只有我自己知道,别人都不知道。并且,我到你府上来，也还没有多少时候。要是，借你的名义，把我献给楚王，楚王一定宠爱我，万一托老天的福，我生下来的是儿子，那么，你的儿子，就是将来的楚王，连楚国全国都是你的了，还怕什么呢？"

春申君很以为不错，先把李园的妹妹，搬出府来，叫她住在别馆里，很谨慎地供奉她，然后进见楚王，说有这么一个美貌的少女要献给他。

楚王召见之后，当然满意，进宫之后，也当然很宠爱她。十月满足之后，她果然生下一个儿子来。楚王便把这个儿子，立为太子；把李园的妹妹，立为王后；因此，李园也做了大臣，很是专权。

但是，这个秘密，春申君是知道的。所以，李园很忌春申君，只怕他泄漏这个秘密。于是，他暗地里养了许多勇士，要想杀了春申君，做到一个死无对证。只苦一时没有机会，不能下手——李园的这种打算，楚国的人，有许多是知道的。

后来，考烈王生病了，而且病势很重，春申

君的门客朱英，便对春申君说道："相公，你大祸临头了。"

春申君吃一惊，问道："我有什么祸事？"

朱英说道："李园这个人，他虽然没有掌握国政，但是，他却真是你的仇敌。他虽然本来不带兵，但是，他的家中，早已养着许多勇士了。现在，楚王病危了，我看，楚王死了之后，他一定要先下手为强，进朝去抢得政权，然后，杀死了你，灭了你的口，免得你泄漏他的秘密。"

春申君却答道："你放心，李园，他只是一个懦夫，我又向来同他相好，何至于这个样子呢？"

朱英见春申君不听他的话，恐怕祸事连累到自己身上，便逃走了。

过了十多天，考烈王死了，李园果然先进朝去，把平日养着的勇士，埋伏在门的两边。等到春申君进来，埋伏着的勇士，便从两边冲出来，刺杀春申君，斩了他的头，抛在门外。

【注释】

① 春申君：是黄歇的封号，他的封地，是春秋时吴国旧

地，即今江苏长江以南一带的地方。现在的黄浦江，相传是春申君开凿的，所以也叫作春申江或黄歇浦。因此，俗称上海为申江，或简称上海为申。

② 楚考烈王：名熊元，是顷襄王的儿子，在位二十五年。

③ 世袭：父子相继为一世。父亲死了，把君位传给儿子，叫作君位世袭。

④ 有宜男相：就是看上去会多生儿子的样子。

⑤ 百年：是"死"的代用词。讳言死，所以说百年。